家庭經濟安全與社會工作實務手冊

王永慈 主編

臺灣社會工作
專業人員協會

Social Work Practice with
Family Economic Security

國家圖書館出版品預行編目(CIP)資料

家庭經濟安全與社會工作實務手冊 / 王永慈主編. --
　初版. -- 高雄市：巨流, 2017.10
　　　面；公分
　　ISBN 978-957-732-556-3（平裝）

　1.社會工作 2.社會福利

547　　　　　　　　　　　　　　　106014617

臺灣社會工作
專業人員協會

家庭經濟安全
與社會工作實務手冊

主　　　　編　王永慈
責 任 編 輯　張如芷
封 面 設 計　Lucas

發 　行 　人　楊曉華
總 　編 　輯　蔡國彬

出　　　　版　巨流圖書股份有限公司
　　　　　　　80252 高雄市苓雅區五福一路 57 號 2 樓之 2
　　　　　　　電話：07-2265267
　　　　　　　傳眞：07-2264697
　　　　　　　e-mail：chuliu@liwen.com.tw
　　　　　　　網址：http://www.liwen.com.tw

編 　輯 　部　23445 新北市永和區秀朗路一段 41 號
　　　　　　　電話：02-29229075
　　　　　　　傳眞：02-29220464

劃 撥 帳 號　01002323 巨流圖書股份有限公司
購 書 專 線　07-2265267 轉 236

法 律 顧 問　林廷隆律師
　　　　　　　電話：02-29658212

出 版 登 記 證　局版台業字第 1045 號

ISBN　978-957-732-556-3（平裝）
初版一刷・2017 年 10 月

定價：350 元

作者列表（按各章排列順序）

王永慈　國立臺灣師範大學社會工作學研究所教授

杜慈容　衛生福利部中區兒童之家主任

杜瑛秋　財團法人勵馨基金會研究發展處總督導／社工師

王珮玲　國立暨南國際大學社會政策與社會工作學系教授

陳姿樺　財團法人現代婦女基金會研究發展部研究員

彭懷真　東海大學社會工作學系副教授

白琇璧　中華民國幸福家庭促進協會專員

張英陣　國立暨南國際大學社會政策與社會工作學系教授

王月君　財團法人台北市賽珍珠基金會專員

張美茹　財團法人台北市賽珍珠基金會執行長

陳雅楨　瑪納有機文化生活促進會秘書長

林聖峰　高雄市政府社會局老人福利科社會工作督導

羅光華　財團法人法律扶助基金會台北分會中級專員

高永興　財團法人伊甸社會福利基金會執行顧問

實務諮詢委員（依姓氏筆劃）

黃綵宸　財團法人天主教善牧社會福利基金會台北市區主任

蘇興中　財團法人台北市立心慈善基金會副總幹事

蕭琮琦　前財團法人兒童暨家庭扶助基金會處長／

　　　　現任四川省立西華大學社會發展學院講座教授

CONTENTS 目錄

推薦序

I

財團法人台灣兒童暨家庭扶助基金會執行長
何素秋

當得知王永慈教授主編的《家庭經濟安全與社會工作實務手冊》即將出版時，內心感到無比雀躍。因為這本書是從宏觀的角度探討與許多民眾息息相關的家庭經濟安全議題，從多元面向切入，讓讀者充分理解社會工作所討論的範圍，不僅僅是傳統個案工作、團體工作或社區工作而已。當今社會工作界必須共同思考的新課題，就是我們服務的範圍越趨廣泛、服務的對象越趨多元，相較於傳統的工作模式及研究方法，漸不足以應付繁複社會動態的需要，身為當代社會工作者，在工作實踐過程裡必須考慮更多的元素，從經濟安全角度重視每一個族群的基本權利，也要認識並學習更多不同的介入方法，才能以更寬廣的視野檢視每一項需要重視的社會議題。

這本《家庭經濟安全與社會工作實務手冊》從理論談起，特別引述新自由主義（Neoliberalism）強調自由市場的機制，對政府角色認為應該減少干預觀點。也提到新古典經濟學（Neoclassical economics）的基本論述，在競爭為基礎的市場裡，不均等的天賦、技能、資本決定個人的生產力，貧窮往往是因為生產力較弱而產生。這些論述對許多社會工作者而言，未必是全新的概念，但放進一個講求扶貧的個案工作模式循環中，這本書提到的許多工作思維與方法，都帶給社會工作者更多的反思。特別值得一提的是，論述中有許多理論基

礎與研究數據交互運用，但各章作者都能用平白易懂的字句，從各個層面角度顯露出許多值得進一步探究的宏觀思維。

　　此書一開始，王永慈教授就開宗明義闡述家庭經濟安全的國際潮流，漸次提及積極福利概念的生根，而在歷經全球金融風暴威脅下，必須反思過往較被忽略的各個面向族群的財務素養培植能力，進而帶入臺灣相關貧窮現況統計與所得不均課題。每一段論述的連結都是緊密且具脈絡的，讓讀者很容易理解論述道理，不會認為是艱澀的學理用書。這本書帶給社會工作者的啟發，可以作為許多從事社會工作教育及實務工作者的經典教材。

　　我很喜歡這本書的章節編排方式，總共提到十個與社會工作相關的重要主題，包括政府現金及實務給付、弱勢婦女就業／創業及財務能力、親密伴侶的經濟暴力、經濟弱勢家庭的資產累積、儲蓄互助社與平民銀行、新住民的資產累積、原住民的經濟議題、老年財務管理及財產保護、債務議題的分析，最後提到近年很夯的社會企業與社會工作的關聯性。每一章內容都有顧及微視、中介與巨視的層面，同時編排上也考量周全，盡可能將實務上會與家庭經濟安全工作時接觸到的議題或族群彙編在一起，除了有理論作架構外，最重要的是提出許多實例佐證，提供各種角度看法讓讀者思考，進而可以引發對相關議題更多的發想，相信這也是本書出版的重要目的。

　　個人身為有六十七年歷史，從事經濟弱勢兒童及其家庭扶助工作的家扶基金會執行長，非常高興看到本書問世。從事社會工作將近四十年，隨著快速社會變遷與各種不斷湧現的社會倡議主題，專業觀念也必須與時俱進，才能適切回應變遷社會的腳步。這本書的出版，提供許多新思維，個人深信，不論讀者是從事哪一類別領域，都可以自各章中擷取每一個人最想獲取的知識。

　　總之，這本書從第一章總論開始，每一章的編排可以說是一個脈絡連貫，但其實也能分章各別讀取。觀諸各章作者都具備豐富實務學養，有個別寫作的、也有集體完成的，不論如何，此書不僅帶給我們許多新思考，同時也跨出

社會工作的新境界。《家庭經濟安全與社會工作實務手冊》堪稱是一本值得閱讀的全方位實務寶典，不僅是從事社會工作教育及實務工作者應該要翻閱的教材，還值得推薦給所有關心各層面經濟安全課題的家長，這是一本可以共同學習的書籍。

推薦序
II

東海大學社會工作學系教授
王篤強 序於大度山

　　經濟不安全的老問題在當代新自由主義的推波助瀾之下，以各種新興的樣態衝擊著我們的勞動秩序與社會生活。面對這些遠從濟貧法時代就備受關注的、被稱之為有工作能力未就業的、或者是不值得幫助的窮人，在福利改革名義下，重新成為公眾目光的焦點。而諸如社會企業、微型企業、發展儲蓄帳戶、資產形成、乃至金融社會工作等所謂創新做法，也就在這個脈絡下成為新的解方。

　　作為地球村一員的臺灣，我們無從逃避這項舊問題於天地之間。但對所謂新解方，除了參考借鏡、持續關注其成效外，我們更期待在理論思辨和實務操作上，不自滿於作為資本主義生產體系的自我修補與自我維持工具；而能在各處角落縫隙的實踐中，發展出時時警醒抵抗的微光。

　　很高興見到社會工作專業人員協會王永慈理事長等諸位學術界與實務界先進合力編寫了《家庭經濟安全與社會工作實務手冊》。從中，我們見到了有助實務操作的各種具體做法；也見到了社會工作者們對操作背後的理論依據做出了反身性與反思性之探索。這是過去所少見的。相信本書的出版，一定會為臺灣經濟弱勢者和社會工作者做出貢獻。

chapter

1

家庭經濟安全
與社會工作

王永慈

壹　國際潮流與社工省思

　　經濟安全（economic security）是社會工作者長久以來關切的議題，此概念也可與經濟福祉（economic well-being）互用；經濟福祉可被界定為：「個人、家庭或社區擁有目前與未來的經濟安全，所謂目前的經濟安全包括：有能力持續維持生活的基本需要，並可掌控日常生活的財務狀況。同時，也有能力做各類財務上的選擇；並可得到經濟與就業的安全感、滿足感。至於未來的經濟安全，是指在未來的生活中，有能力承擔各類財務上的衝擊，達到設定的財務目標，建立資產，並維持充分的所得水準」（CSWE, 2016）。

　　從家庭經濟安全的角度，臺灣社會工作界對於服務對象所提供的服務，已逐漸開始多元化，除了傳統民間或政府的現金補助外，也出現不同的服務模式，例如：儲蓄發展帳戶、積極性就業服務、財務素養／知能[1]培養、債務協商、微型創業、社會企業、金融社會工作等等。其實，這些新興的服務模式可視為在新自由主義、新古典經濟學的潮流下，國際組織相繼推動的觀念與做法。臺灣也透過不同的管道引進社會工作界。本文嘗試整理此潮流背後的脈絡，讓社工界的夥伴可以更清楚理解，進而得以反思身為社會工作者，除了執行所謂的創新方案外，我們所尋求的提升服務對象福祉、減緩社會不平等目標是否更真實的達到。

　　新自由主義始於 1970 年代中期，到 1980 年代開始盛行，其核心理念為減少政府角色，恢復市場的重要地位，同時，重視個人的責任大於權利，主張貧窮的起因主要為個人因素，而非結構因素（Abramovitz, 2014; Smith, 2017）。新古典經濟學主張在以競爭為基礎的市場中，不均等的天賦、技能、資本決定個人的生產力，生產力較弱者易產生貧窮。雖然新古典經濟學接受市場失靈（market failures）的現象，例如：道德風險、逆選擇、資訊不充分等，這些市

---

[1]　關於財務知能、財務素養與財務能力的異同，本章第二部分有詳細的討論。

場失靈會加深貧窮現象的存在，但是此學派仍然對政府的角色保持懷疑（Davis & Sanchez-Martinez, 2015）。以下將分別介紹這些思潮所帶動的相關措施或政策。

從古典經濟學的角度，減緩貧窮不是其主要的經濟目標，如何增加市場運作的效率（efficiency）才是最主要的經濟目標。對於市場失靈的問題，藉由微型信用（microcredit）、平民銀行等做法，可以減少人們借貸的道德風險，協助貧窮者借貸、創業等經濟行為。此外，此學派也重視運用資產對抗財務／所得的風險，因此相關的措施如：個人儲蓄發展帳戶、儲蓄互助社等也是推動的重點，促使貧窮者負起減緩自身財務風險的責任（Davis & Sanchez-Martinez, 2015）。

在新自由主義的浪潮下，重視個人的積極就業，所謂積極的福利（active welfare）概念因而產生。積極的福利強調有薪資的就業，因此對於失業者、福利領取者就發展出條件式的福利，其需要配合相關的要求才可領取政府的補助，例如：一些鼓勵支持措施包括諮商、職業輔導、尋職服務等；或是具處罰性的措施，包括監督其尋職行為，扣減部分或全部的政府補助等。目前跨國相關文獻顯示積極福利之效果仍未有具體的定論（Kennedy, 2013:3-4）。

個人除了就業責任外，個人（包括貧困者）如何成為一個具有財務素養／知能的消費者也是重點。尤其是自 2008 年全球金融風暴後，世界銀行、世界經濟論壇等的政策論述也都朝向重視個人財務知能的養成，以對抗未來持續發生的金融風險。然而，此次全球金融風暴所發生的是一連串的經濟危機、房市泡沫化、信貸緊縮、企業醜聞等問題，社會上也出現一些反企業、反資本主義的聲浪（例如佔領華爾街運動），人們企圖尋求結構面的改革，包括金融市場的改革、債務紓困的制度性處理等。相對於結構性改革，新自由主義則是重視個人財務素養的養成，讓低收入者具備所謂的財務素養／知能，成為更有金融觀念、可以做更好金融決策的消費者，以對抗未來持續發生的金融風險（Giesler & Veresiu, 2014）。根據世界銀行 2015 The World Bank Research Observer 報告，其整理各國的相關理財素養方案成效後，指出增加儲蓄是較顯著的正向結果，但是債務減少卻較無成效（Miller et al., 2015）。

　　類似上述思潮的另一主張是：金字塔底層的商機（the fortune at the bottom of the pyramid, BOP），此論述不主張減緩貧窮的政治／經濟／社會等結構性改革，而重視貧困人口的消費市場。個別的貧困者要成為負責的消費者，貧窮問題也被視為個別消費者的行為問題，貧困者是否可以負責地做出個人最佳消費決定就成為重要關鍵；其也主張政府、企業、非營利組織等應共同投入開發金字塔底層的商機。此派論述認為過去政府社會福利的做法過於消極，應該充權貧困者，使其透過微型貸款、微型保險、微型創業等方式成為市場消費者，因其認為貧窮的最主要原因是：人們不願意或沒有能力去做經濟的決策（Giesler & Veresiu, 2014）。

　　此外，社會企業的觀念也逐漸受到世界各國重視，Gidron 和 Monnickendam-Givon（2017）指出社會企業受到關切的三個主要原因是：（一）2008 年的全球金融風暴，以及隨之而來的公益事業的危機，需重新審視社會性組織的財務基礎；（二）現有的政策並不能有效減緩世界上的社會問題，例如日益加深的貧富差距，需要尋找其他方式；（三）諾貝爾和平獎得主穆罕默德·尤努斯（Muhammad Yunus）所創辦的鄉村銀行，也帶來所謂的 social business 的觀念，也就是運用商業模式提升社會目的。

　　社會企業可定義為某一組織運用市場機制，以達到其社會使命。組織可以採取不同程度的商業活動達成其社會使命；所謂市場導向的社會企業則是將自己的組織定位為與一般市場做價格與品質的競爭，因此商業活動的收入就是其組織經費的主要或單一來源。然而市場導向的做法所帶來的隱憂是商業化、營利導向會損害弱勢者的權益，例如過度的業績導向，影響其健康、被裁員、被壓低薪資、被視為缺乏市場價值等；同時，也常會是有市場競爭力者有較好的表現，而產生所謂政策的錦上添花效應（creaming effects）（Buvinic & Furst-Kichols, 2014; Gidron & Monnickendam-Givon, 2017）。

　　上述精簡整理相關思潮的發展，讀者可以發現這些思潮的特徵是：（一）重視市場的運作與市場效率提升；（二）主張貧窮的起因主要為個人因素，而非結構因素；（三）強調個人的責任大於權利；貧困者需要積極就業，負起減緩自身財務風險的責任，成為一個具有財務素養／知能的消費者。（四）組織

嘗試運用商業模式提升社會目的。這些思潮也都反映儲蓄發展帳戶、積極性就業服務、財務素養／知能培養、債務協商、微型創業、社會企業等政策發展脈絡。身為社會工作者的讀者，你是否有機會思考這些理念是否與你的想法相同？或是你認為需要有更深的省思去看社會工作的價值觀？以下將呈現臺灣社會的貧窮與所得分配趨勢，提供讀者在思考時的一些參考。

引用盧森堡所得研究跨國資料中心的統計資訊，表 1-1 顯示以 40%、50% 與 60% 家戶可支配所得中位數為貧窮線，整體觀察，臺灣二十多年來的貧窮率皆呈現增加的趨勢，除了 2010 年因為受到全球金融風暴之影響，故貧窮率較高，至 2013 年貧窮率略降；但是 2013 年與 2007 年相較，2013 年的家戶貧窮率仍較高。觀察 2013 年的三類貧窮率為 6.077%、10.723%、16.823%。進一步分析，40% 至 50% 增加的貧窮率為 4.646%，50% 至 60% 增加的貧窮率則為 6.1%。由此可知，貧窮線由 50% 家戶可支配所得中位數增至 60% 時，增加的貧窮家庭更多（約多出 1.5%）。換言之，貧窮家庭更多集中於 50%- 60% 的水準（王永慈，2016）。

⊡ 表 1-1　1991 年至 2013 年臺灣的貧窮率

年	貧窮線為可支配所得中位數的%		
	40%	50%	60%
1991	2.290	6.457	12.512
1995	4.325	7.731	13.910
1997	3.753	8.208	14.758
2000	4.113	8.430	15.013
2005	4.991	9.545	15.790
2007	5.382	10.181	16.541
2010	6.841	11.796	18.547
2013	6.077	10.723	16.823

資料來源：http://www.lisdatacenter.org/lis-ikf-webapp/app/search-ikf-figures

　　若再觀察所得分配問題，所得不均的現象也已逐漸提高。表 1-2 顯示：吉尼係數（Gini Coefficient）於 2005 年開始超過 0.3；所得第 90 百分位數與第 10 百分位數之所得的倍數在 2007 年超過 4 倍；所得第 90 百分位數與第 50 百分位數之所得的倍數在 2005 年超過 2 倍；所得第 80 百分位數與第 20 百分位數之所的倍數些微增加，但都維持在 2 至 2.5 倍之間。換言之，較高收入家庭（第 90 百分位數）與較低收入家庭（第 10 百分位數）、中收入家庭（第 50 百分位數）的所得不均現象都在增加。此也顯示較高收入家庭所得與較低收入、中收入家庭的差距有逐步拉大的趨勢（王永慈，2016）。

◨ 表 1-2　1991 年至 2013 年臺灣的所得不均

年	GINI	D90/10	D90/50	D80/20
1991	0.271	3.353	1.894	2.209
1995	0.284	3.448	1.885	2.247
1997	0.287	3.617	1.923	2.303
2000	0.289	3.683	1.936	2.311
2005	0.305	3.961	2.016	2.414
2007	0.307	4.159	2.065	2.426
2010	0.317	4.372	2.047	2.533
2013	0.308	4.128	2.002	2.406

資料來源：http://www.lisdatacenter.org/lis-ikf-webapp/app/search-ikf-figures

　　再觀察領取政府社會救助的家戶，表 1-3 顯示：無論社會救助的款別，低收入家計負責人有工作的百分比都有增加，也代表所謂在職／工作貧窮的趨勢。針對 2013 年有工作能力未就業者的原因分析（表 1-4），在家計負責人部分，其主要原因是：就業準備、照顧議題、身體限制。家庭成員部分則 51.4%是照顧議題。至於沒去工作的百分比，家計負責人是 12.3%，家庭成員

是 6.0%，也可顯示百分比並不高；社會常有福利依賴、社會烙印於貧困家庭，認為其依靠政府，不願就業；但上述資料顯示：有工作能力未就業、且不願／放棄尋職者其實是少數。這也讓我們再次思考：現行法規所規定的工作能力、以及資產調查對工作能力的認定結果，未必就等同於可以進入勞動市場的能力。同時，減輕家庭照顧負擔的議題也不應忽略。然而，這些制度性的議題往往在福利依賴的論述下，未能受到同樣的關注。

⊡ 表 1-3 社會救助家計負責人有工作的百分比

社會救助的款別	年代	家計負責人有工作的百分比
一款	1994	5.23
	2001	0.28
	2004	2.59
	2008	1.40
	2013	6.00
二款	1994	26.89
	2001	23.43
	2004	30.88
	2008	31.80
	2013	31.70
三款	1994	34.52
	2001	46.49
	2004	51.84
	2008	51.20
	2013	60.50
四款（中低）	2013	90.40

資料來源：(1) 1994-2004 年資料引自張國偉（2009）；(2) 2008、2013 年低收入（與中低收入戶）生活狀況調查

▣ 表 1-4 低收入與中低收入家庭有工作能力未就業者的分析

	家計負責人	家庭全體成員
就業準備相關	35.2	15.9
照顧相關	29.2	51.4
教育相關	1.2	12.2
服役	.5	2.1
失蹤服刑	1.1	1.3
沒去工作	12.3	6.0
身體限制	17.5	8.8
其他	3.1	2.4
總計	100.0	100.0

資料來源：2013 年低收入與中低收入戶生活狀況調查

　　從上述的分析可以看出：整體而言，臺灣社會近二十年來，貧窮問題、所得分配問題都有增加的趨勢，這與臺灣社會的經濟、政治、社會制度的發展都息息相關。社會救助的家戶也已出現工作貧窮的現象，代表只強調個人就業早已不是解決貧窮問題的萬靈丹。因此，單一將貧窮問題歸因於個人層面，過度強化福利依賴的嚴重性，只重視個人責任的論述包括：積極就業、負起自身財務風險的責任、具有財務素養的消費者等的說法，都應受到社會工作者的反思與挑戰。

貳　家庭經濟安全與社會工作

　　基於上述的討論，本書編撰的理念是兼顧財務能力、家庭經濟安全與社會經濟正義三個目標；社會工作的介入則包括微視、中介與巨視三個層面；也就是社工服務不只是著重個人／家庭層次，也關切中介面（例如社區、組織、組織網絡間等）的介入或行動，同時，相關的政府政策、政府組織、國際組織等也都是我們關切或行動的標的。

　　從社會工作實務理論的角度，也就是綜融實務工作的運用（generalist practice），綜融實務工作的理論基礎是系統理論（systems theories），其重視微視系統（micro systems）、中介系統（mezzo systems）、巨視系統（macro systems）三個標的系統（target systems），以及系統間的相互影響。文獻中對於三個系統的內涵略有差異，本書採取的觀點為微視系統是指個人或家庭成員；中介系統是指團體與社區，例如社區鄰里、組織等；巨視系統為政策、法律、制度、國際組織等。同時，綜融實務工作的原則與價值理念包括三大部分：（一）強調充權（empowerment）、優勢（strengths）、復原力（resilience）；（二）人類社會的多元性（human diversity），關注歧視、壓迫、經濟剝奪等議題；（三）人權與社會經濟正義之倡議（advocacy for human rights and social & economic justice）（Kirst-Ashman & Hull, 2012；Langer & Lietz, 2015），圖 1-1 顯示上述的重點。

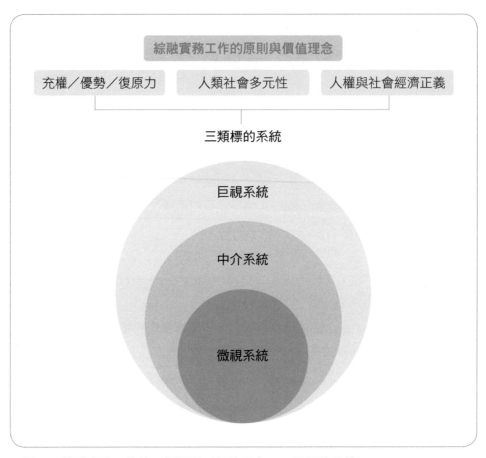

綜融實務工作的原則與價值理念

| 充權／優勢／復原力 | 人類社會多元性 | 人權與社會經濟正義 |

三類標的系統

巨視系統

中介系統

微視系統

● 圖 1-1　綜融實務工作的三個原則／價值理念、三種標的系統
資料來源：修改自Kirst-Ashman & Hull (2012), p. 9

　　換言之，社會工作者除了協助服務對象儲蓄、就業等服務外，也需要關切勞動市場中造成剝削勞工、商業市場營利導向犧牲弱勢族群權益、金融市場被國際集團／政治操控等問題。同時，社會工作者也需要倡議勞動市場、金融市場或商業市場的制度改革、促進縮短貧富差距；如此才可回應提升服務對象福祉、減緩社會不平等之目標。也才可避免單一重視貧窮個人歸因、過度強調貧困者負起自身財務風險的責任、過度運用市場機制處理家庭經濟安全的問題。

　　Bent-Goodley 等人（2016）提出財務能力與資產建構（financial capability

and asset building, FCAB）的概念，其也強調微視、中介與巨視三個層面的社會工作實務；唯其中介與巨視層面相關的討論較集中於社區中金融機構或制度議題。Birkenmaier、Sherraden 與 Curley（2013）提出財務能力（financial capability）應包括：財務素養（financial literacy[2]）與財務融入（financial inclusion）兩部分，財務素養是有關於有此方面的能力（ability to act），可經由家庭／學校等社會化管道、財務教育、財務顧問等方式養成。財務融入則是有關於是否有相關機會與管道展現財務素養（opportunity to act）。換言之，財務素養是屬於個人層次，財務融入則是與社會、經濟結構有關。而財務能力要符合上述兩條件才算是能力的實踐。

此外，本書也主張資產累積包括有形資產與無形資產，有形資產是針對財務資產，協助家庭經濟的穩定與開發可能的資產累積。無形資產可包括：(1) 內在資本：委身學習、正向價值觀、社會能力、自我肯定。(2) 人力資本：知識、技術、語言能力、身心健康等。(3) 文化資本：學習環境培養。(4) 社會資本：建構社區與社會網絡。(5) 社區資本：發展屬於社區本身的社區資本（Shanks, et al., 2010；黃洪，2015；陳鈺芳等，2017）。

本書也主張個人與結構並重之論點，唯結構面的機會與管道並不只是讓服務對象有機會開戶、存款或創業貸款等，也需要發現在中介面、巨視面社會經濟的貧窮、剝奪、偏見、歧視、社會排除等問題，並倡議改善；也就是不只是提升個人或家庭的財務能力、家庭的經濟安全，也促進社會與經濟正義（social and economic justice）。圖 1-2 是本文作者修改自 Birkenmaier 等人（2013）所提出的財務能力模型。

---

[2] 根據國家教育研究院的定義與翻譯，「素養」（literacy）是指「識別、理解、解釋、創造、運算及使用不同環境下印刷與書面資料的能力。涉及個人能夠實現目標、發展知識和潛能，並充分參與社區及廣大社會的連續學習」。綜言之，素養著重於個人對知識的認知與學習能力。目前臺灣社工實務界也有人稱之為「知能」。為區隔上述financial capability與financial literacy，本書將前者譯為財務能力，後者譯為財務素養。本書其他各章對於financial literacy 一詞，為方便讀者，皆以財務素養／知能的方式呈現。

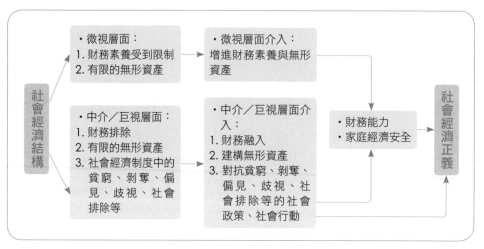

● 圖 1-2 **財務能力、家庭經濟安全與社會經濟正義**

　　以 2017 年中央政府開始推動「兒童與少年未來教育及發展帳戶」的政策為例，該政策在微視面是將過去各縣市政府所推行的儲蓄方案延伸至較為貧困的幼兒家庭，並做長期的資產累積；其配合相關的服務以提高家庭的財務素養。在中介與巨視面，由中央政府為兒童開立個人儲蓄帳戶，也顯示開發另一種財務融入的機會與管道，改善現有金融環境的限制；也期待能建構相關的社會服務輸送體系。至於政策之成效仍需要未來持續追蹤。

　　有關儲蓄方案運作的檢視，Feldman（2017）研究美國某一州的個人發展帳戶方案（Individual Development Account），其發現第一線的方案工作者會面臨的根本矛盾：一方面協助其培養財務素養，另一方面需要規訓（discipline）服務家庭的儲蓄習慣。為了達成方案的目標，儲蓄往往是最重要的優先順序，但是其未必能達成協助服務對象做經濟上的理性決策，例如服務對象為了要儲蓄，可能會犧牲基本的生活需要，或是向親友借貸來儲蓄。同時，服務對象未能按時儲蓄可能會被視為其不懂理財，歸咎於個人問題。再者，方案工作者需要定期監督儲蓄行為，達到方案要求的上課時數等，而可能忽略服務家庭的真正需要以及潛在的能力。不可否認的，Feldman 的研究發現也提醒我們新自由主義論述所發生的問題，非常值得社工界深思。

　　本書納入十個相關議題，包括：第二章〈政府現金及實物給付與社會工作〉，第三章〈弱勢婦女就業、創業與社會工作〉，第四章〈親密伴侶的經濟暴力與社會工作〉，第五章〈經濟弱勢家庭的資產累積與社會工作〉，第六章〈儲蓄互助社、平民銀行與社會工作〉，第七章〈新住民的資產累積與社會工作〉，第八章〈原住民的經濟議題與社會工作〉，第九章〈老人財務管理、財產保護與社會工作〉，第十章〈債務議題與社會工作〉，以及第十一章〈社會企業與社會工作〉。基本上，各章討論都關照到微視、中介與巨視三個層面，從更全面的觀點探究社會工作的服務模式。

　　第二章針對社會福利資產調查現金給付，微視層面介紹政府社會救助資源整合運用，中介層面討論服務輸送網絡，巨視層面則探討制度的設計及影響。其次，針對社會保險現金給付，微視層面介紹勞工保險及國民年金保險，中介層面討論服務輸送網絡，巨視層面則探討政策問題。最後，在現金給付外，探討政府與民間的實物給付如食物銀行、幸福保衛站等，微視層面討論需求評估與資源分配，中介層面討論資源網絡結合，巨視層面則探討法制面議題。期勉社會工作者能熟知各項現金給付的特性及原則，並在實物給付過程中能重視服務對象自尊及分配正義的議題，以提供更適切的處遇。

　　第三章討論弱勢婦女的就業與創業，除了提供直接服務上應具備的知識與能力，也提供社福單位思考機構如何發展專職社工從事就業服務的模式。同時，在政策、社會文化層次，本章作者也提出相關制度結構的議題，包括：勞動市場的歧視、促進工作平等措施、金融體系的障礙、多元文化能力的不足等等。

　　第四章嘗試分析親密伴侶的經濟暴力，以及如何運用個案工作、團體工作協助與培力婦女。本文不僅從經濟角度凸顯性別間權力控制議題，也倡議在社會福利、司法、勞動與金融等體系共同關注經濟暴力議題，以及如何回應以減少經濟虐待的問題。

　　第五章為經濟弱勢家庭的資產累積與社會工作，第六章儲蓄互助社、平民銀行與社會工作；此兩章具有關聯性，因為第五章的資產累積方案是以儲蓄互助社為基礎的運作。該章指出如何協助家庭兩代間的經濟與非經濟性的資產累

積，也架構出社政、勞政、衛政、企業、儲蓄互助社等的資源網絡，改變過去的組織合作模式並創新政策與方案。第六章則較著重於儲蓄互助社的功能，如何藉著儲蓄方案，鼓勵經濟困難家庭參與社區型的互助組織，以彌補現行金融體系的不足。由於此種嘗試的挑戰性更高，許多因為創新而產生的議題都需要更多的資源投入，或是需要更長的時間發現成效，因此也提供讀者更多的思考空間。

第七章是新住民的資產累積與社會工作，作者詳細介紹課程的設計與內容，提供實務工作者與機構參考。此方案運用團體工作模式協助新住民婦女改善自己或是家庭的經濟狀況。同時也開創了新住民婦女的社會參與機會。本文也強調多元文化的重要，提醒實務工作者無論是課程設計、活動帶領與溝通等都需要注意語言、文化議題。至於制度性限制，本文也指出新住民工作權利的受限、到金融體系申辦貸款或信用卡的困難等，都讓新住民婦女受到金融排除，也提醒實務工作者除了培養個人的財務知能外，前述的結構性限制也需要努力突破。

第八章是有關於原住民的經濟議題與社會工作，本章是由一位漢人社會工作者所撰寫，其透過多年的工作經驗，反思如何推動原住民的就業／創業工作。該文指出更深層的政治、經濟、社會與文化的不平等是需要面對的，然而如何在此結構的限制下，逐步開創原鄉部落與都會區的創業及就業機會？作者藉著不斷摸索、尋找定位的經歷，提供實務工作者相當引人深省的論述。

第九章討論老人財務管理、財產保護與社會工作，作者嘗試介紹政府的相關政策，並論及中老年財務管理的基本知識。此外老人財產保護議題也是本文的重點；作者提出在個案工作的微視層面需要注意的原則與做法，也提出如何成為弱勢長輩權益的維護者，關注社會文化、法規、金融與司法體系等對於老人財產保護不利的議題。

第十章深入分析債務議題，一方面讓實務工作者理解服務對象債務形成背後的錯綜複雜因素，提醒讀者避免過於簡化的欠債還錢的思維；並提供實務工作者許多實際的工作原則與方法。另一方面也協助社工如何與網絡資源（包括律師、法官等）一起工作，同時也積極倡議社會工作界需要發展更完整的服務體系以協助負債家庭。

　　第十一章是社會企業與社會工作，本文的討論可以提供實務界、社福機構思考社會企業運用於社會工作的可能性。對於經濟弱勢家庭而言，社會企業是一種創業，也帶來就業機會。文中舉出庇護工場、社區與部落產業兩個實例，如何創業或創造更多的就業機會。同時也提出可能會遇到的制度上、組織管理上、價值理念上的挑戰。

　　除了在知識與方法上的學習外，也希望社會工作實務工作者閱讀完本書後，可以從社工價值理念中思考以下議題：（一）改變個人與改變結構的衝突意涵：例如面對制度不公之下，又強調服務對象應該經濟獨立？（二）社會工作者在社會福利意識型態上的定位：例如社會福利意識形態的偏左、偏右、中間路線的選擇？（三）對於政府、市場、社區／非營利組織三個部門的角色定位：例如面對經濟困難家庭所面對的問題，是否特別強調運用金融市場？勞動市場的解決途徑？（四）商業化（commercialization）vs.財務融入（commercial inclusion）的爭議：當主張減少經濟弱勢家庭的財務排除，提倡財務融入時，是創造更多金融商品給我們的服務對象？或是帶來更大的經濟風險？或是帶來企業界的經濟性／非經濟性的獲利大過服務家庭的受惠？（五）專業權威 vs.服務對象自主權：例如在專業關係間權力的不對等（包括社工、金融專業顧問、服務對象之間關係），社工與金融專業顧問一起工作，社工要如何掌握不同專業間對服務對象最佳利益的看法？是否會因為績效壓力而過度引導服務對象做經濟上的抉擇？（六）專業界限的違反：例如社福機構與金融機構合作，服務對象接觸不熟悉的相關金融商品，社工或合作的金融機構如何避免將服務關係轉變成商業關係？

　　最後，在我們面對社會貧富不均、工作貧窮等社會問題時，希望藉著本書的討論，可以協助實務界整合個案、團體、社區、組織管理、研究、政策層面的工作模式，對於經濟弱勢家庭可發展出更完整、具連續性的服務體系，以兼顧財務能力實踐、家庭經濟安全、社會經濟正義的目標。

參·考·書·目

一、中文部分

內政部（2008）。**2008 年低收入生活狀況調查**。

王永慈（2016）。**台灣貧窮現象的多面向分析**。香港樂施會。

國家教育研究院（2017）。「素養」（Literacy）。雙語詞彙、學術名詞暨辭書資訊網。下載日期：2017 年 7 月 3 日，取自 http://terms.naer.edu.tw/detail/1678771/

張國偉（2009）。十年來台灣貧窮趨勢分析——以 1994、2001、2004 年低收入戶調查。**社區發展季刊**，**124**，28-43。

陳鈺芳、柯凱中、吳侑熹、王永慈（2017）。平價住宅的社工服務分析。**社區發展季刊**，**158**，55-64。

黃洪（2015）。**無窮的盼望：香港貧窮問題探究**。香港：中華書局。

衛生福利部（2013）。**2013 年低收入與中低收入戶生活狀況調查**。

二、英文部分

Abramovitz, M. (2014) *Economic Crises, Neoliberalism, and the US Welfare State: trends, outcomes and political struggle*. In Noble, Strauss & Littlechild (eds.) Global Social Work: crossing borders, blurring boundaries. Australia: Sydney University Press.

Bent-Goodley, T., Sherraden, M., Frey, J., Birkenmaier, J., Callahan, C. & McClendon, G. (2016). Celebrating Six Decades of Social Work and Advancing Financial Capability and Asset Development. *Social Work, 61*(4), 293-296.

Birknmaier, Sherraden & Curley (2013). *Financial Capability and Asset Development*. Oxford University Press.

Buvinic, M. & R. Furst-Nichols (2014). Promoting Women's Economic Empowerment: what works? *The World Bank Research Observer*. doi: 10.1093/wbro/IKu013.

CSWE (2016). *Working Definition of Economic Well-being*. Retrieved May 10, 2017, from https://www.cswe.org/Centers-Initiatives/Initiatives/Clearinghouse-for-Economic-Well-Being/Working-Definition-of-Economic-Well-Being

Davis, E. & M. Sanchez-Martinez. (2015). *Economic Theories of Poverty*. Joseph Rowntree Foundation.

Feldman, G. (2017). Contradictory Logics in Asset-building Discourse: Habits, Identities and Discipline. *Social Policy and Administration*. doi: 10.1111/spol.12326

Gidron, B. & Y. Monnickendam-Givon. (2017). A Social Welfare Perspective of Market-oriented Social Enterprises. *International Journal of Social Welfare, 26*(2), 127-140.

Giesler, M. & E. Veresiu. (2014). Creating the Responsible Consumer: moralistic governance regimes and consumer subjectivity. *Journal of Consumer Research, 41*(3), 840-857.

Kennedy, P. (2013). *Key Themes in Social Policy*. London: Routledge.

Kirst-Ashman, K. & Hull, G. (2012). *Generalist practice with organizations and communities*. CA: Brooks/Cole.

Langer C. L. & C. Lietz. (2015). *Applying Theory to Generalist Social Work Practice*. NJ: Wiley.

LIS, Cross-national Data Center in Luxemburg (2017) *Inequality and Poverty Key Figures*. Retrieved May 1, 2017, from http://www.lisdatacenter.org/lis-ikf-webapp/app/search-ikf-figures

Miller, M., J. Reichelstein, C. Salas & B. Zia. (2015). Can You Help Someone Become financially Capable? A meta-analysis of the literature. *The World Bank Research Observer*. doi: 10.1093/wbro/IKV009

Shanks, T., Boddie, S., & Rice, S. (2010). Family-centered, community-based asset building: A strategic use of individual development accounts. *Journal of Community Practice, 18*, 94-117.

Smith, L. (2017). Blaming-the-poor: Strengths and Development Discourses which Obfuscate Neo-liberal and Individualist Ideologies. *International Social Work, 60*(2), 336-350.

chapter

2

政府現金及實物給付
與社會工作

杜慈容

　　社會工作者在服務過程中，經常得面對服務對象經濟安全的議題。經濟安全的保障，有賴社會安全制度的建立，其範圍通常指社會保險、社會津貼及社會救助三大項。另社會福利提供的形式則有現金給付（in cash）與實物給付（in kind）兩類。本章將分別從微視、中介與巨視三個層面，討論社會福利資產調查現金給付、社會保險現金給付，以及政府與民間的實物給付，並反思社會工作者在其中的作用。

壹　社會福利資產調查現金給付

　　當服務對象面臨經濟困境時，社會工作者常會協助申請政府及民間的各項經濟扶助。特別是政府的現金給付，大多需要服務對象通過政府的資產調查，即收入、動產及不動產在規定的水準以下者，才能取得福利資格。此類選擇性的福利給付，即是我們所熟悉的社會救助制度。以下微視層面介紹政府社會救助資源整合運用；中介層面討論服務輸送網絡；巨視層面則探討制度的設計及影響。

一、微視：社會救助資源整合應用

（一）政府現金給付項目

　　依給付對象、給付時間、審查條件及補助項目來分類：

1. 給付對象：家庭 vs. 個人

　　《社會救助法》中的低收入戶、中低收入戶及以及《特殊境遇家庭扶助條例》中的特殊境遇家庭，是以「戶」、「家庭」的概念所設計的福利項目，因為它將家庭整體的需要及資源納入考量，所以在做資產調查時，也會將家戶成

員的資產併同列入審查。一旦通過審查，核列輔導的家庭成員，亦同時取得享受相關福利的資格，例如都可享有全民健康保險費補助。相對地，有些項目的給付對象僅對通過申請的個人提供，例如中低收入老人生活津貼、身心障礙者生活補助、弱勢兒童及少年生活補助等。

2. 給付時間：緊急 vs.短期 vs.中長期

例如馬上關懷、急難救助等，訂有同一事由限申請一次的規定，其特色是速訪、速審、速核、速發救助金，救急性質大過救窮，是種緊急的一次性現金給付。再者，例如特殊境遇家庭緊急生活扶助、弱勢兒童及少年生活補助等，明確訂有三個月、六個月不等的請領期限，是相對較短期的給付。最後，例如低收入戶、中低收入戶、中低收入老人生活津貼、身心障礙者生活補助等，雖未訂有請領期限，但每年仍需要通過年度總清查才能取得來年資格。相較之下，屬於較中長期的給付。

3. 審查條件：資產審查門檻 vs.列計人口

緊急的一次性給付審查條件是以急難事實為主，而非申請者的資產狀況。除此之外，其他項目皆訂有資產調查及列計人口等條件。就資產審查標準，低收入戶的平均每人每月所得、平均每人動產及全戶不動產限額額度最低，要進入的門檻相對最高；中低收入戶及特殊境遇家庭扶助的標準則相對低收入戶寬鬆，進入的門檻相對較低。就列計人口：低收入戶除申請人外，尚需列計配偶、一親等之直系血親、同一戶籍或共同生活之其他直系血親等，親屬責任的要求，增添進入救助體系的難度；而特殊境遇家庭扶助除申請人、配偶外，僅列計卑親屬，降低因列計父母而被排拒在救助體系之外的風險。

4. 補助項目：全面 vs.部分 vs.單一

除一次性給付及以身心障礙者、老人等個人為對象者是單一補助項目外，以家庭為範圍者的補助項目相對多元。其中，以低收入戶涵蓋的福利項目最廣、補助額度最高，除生活扶助、對長者、孕婦及身障者得加額補助外，尚有各縣市提供的特殊項目補助以及住宅補貼措施。而中低收入戶並沒有每月固定的生活扶助金，僅其核列的家庭成員就讀高級中等以上學校者，學雜費減免60%及全民健康保險應自付保險費補助 50%。另外亦將中低收入戶納入各縣市

得提供的特殊項目補助以及住宅補貼措施對象。最後，特殊境遇家庭扶助雖包括緊急生活扶助、子女生活津貼、子女教育補助、傷病醫療補助、兒童托育津貼等，但其補助期限及額度都相對較低。

綜上，可將社會救助現金給付項目整理成四個層次：首先，低收入戶的審查標準最為嚴格，進入門檻最高，但福利給付最為全面。再者，中低收入戶及特殊境遇家庭扶助仍以家庭為給付範圍，給付項目次之，但審查條件相對低收入戶寬鬆，可作為無法進入低收入戶的次要選擇。第三，當需求為單一個人或家庭式給付無法通過時，可考慮申請以老人、兒童少年、身障者個人為給付對象的項目。最後，一次性給付的急難救助，可作為緊急的救急支援。社會工作者若能熟知各項現金給付的特性及原則，就更能因應服務對象的情形，靈活搭配，提供更適切的處遇。

（二）民間現金給付項目

除政府資源外，民間各類的財團法人基金會、社團組織、宗教團體等，亦提供急難救助、緊急生活扶助、兒童每月認養金等，社會工作者可逕至各單位網站查詢，亦可至衛生福利部社會救助及社工司搜尋「民間基金會急難救助資源窗口及服務項目」。另教育部亦建置「圓夢助學網」，整合政府與民間的獎、助學金資訊。前揭補助對象、條件限制各異，社會工作者宜建立資源手冊、熟悉各單位規定，在評估服務對象情形後，方能有效媒合民間資源。

（三）社會工作者申請原則

社會工作者除評估案家的家庭型態、經濟需求以及資產情形等，參考上述各項現金給付的特性，決定申請的福利項目及優先順序外，建議仍要留意以下原則：

1. 擇一、擇優

目前的制度設計，在眾多給付項目中，同一性質的項目，如生活扶助，僅能申請一項，而選取的標準常是補助條件最優渥者。例如，服務對象若同時取得低收入戶生活扶助以及弱勢兒童及少年補助的資格，因同屬生活類補助，低

收入戶的補助額度較高，則會優先請領該項，另基於擇一原則，兩種補助無法併領。

2. 同時申請

各現金給付項目可同時申請，再依擇一、擇優原則選擇。許多縣市，如臺北市，社會扶助申請表中已將低收入戶、中低收入戶、中低收入老人生活津貼及身心障礙者生活補助申請表整合在同一張，可同時勾選申請多樣補助項目，另亦說明若低收入戶審查不符資格，授權主管單位逕為審核中低收入戶資格，以節省時間。所在縣市若尚未整合表格，社會工作者仍可分別申請可能的項目，以維護申請者權益。此外，中央政府也推動「在地行動服務實施計畫」，使地方政府將社福 e 化服務更接近民眾；藉此做法也可將相關福利項目之申請整合於系統中。

3. 預先審查

低收入戶等未有申請年限的項目，依法每年需進行總清查以審核來年的請領資格。對於不符合資格者，建議社會工作者能協助轉介，預先審查是否符合其他次要或單項的福利項目，以降低福利減少對服務對象的衝擊。

二、中介：服務輸送網絡

（一）規章與實務運作

就政府的社會救助制度，中央主管機關負責政策規劃及法令訂定，以達全國一致性原則，再交由地方政府訂定各自的調查及審核作業規定，進行民眾福利資格審核。實務上，各地方政府多以鄉／鎮／市／區公所為受理申請窗口，受理後派請村里幹事進行家戶訪查，並由公所進行初審。有些縣市為一級一審制，審核後逕為函覆申請人申請結果；有些縣市為二級二審制，不通過者再送社會局進行複審後逕覆申請人。而申請天數，也因是否需複審及需政府查調財稅而有不同。

就民間救助資源，較具規模的組織團體訂有各自的現金給付申請辦法，規範不同的審核流程。有些只限機關團體轉介，民眾不得自行申請；有些僅書面審查轉介單位的評估，有些還會再自行派員訪查。社會工作者在運用資源時，要詳加留意。

（二）民眾資訊的取得

政府各項福利訊息除於受理窗口及社會局處備有紙本供民眾申請外，於網站上亦有相關訊息及電子表件可供民眾查詢。唯仍需留心那些不熟悉網路使用及對外接觸較少者，會否因資訊的落差而影響福利的使用。基此，《社會救助法》第 9-1 條新增低收入戶的通報機制，明訂教育人員、保育人員、社會工作人員、醫事人員、村（里）幹事、警察人員因執行業務知悉有社會救助需要之個人或家庭時，應通報直轄市、縣（市）主管機關。直轄市、縣（市）主管機關於知悉或接獲前項通報後，應派員調查，依法給予必要救助。此應有助於減少資訊不足造成的制度性排除。相對於政府資源，民眾對於個別民間資源的瞭解更形困難。期盼資源團體廣加宣導外，亦有賴社會工作者、里鄰系統等積極建置資源手冊，協助民眾取得相關資訊。

（三）社會工作者的專業評估

無論是政府或民間的社會工作者，服務過程除需掌握外在的規章和資訊，亦需意識到內在個人的看法及裁量權等，對於服務對象能否取得資源，具有關鍵角色。杜慈容（2014）訪談政府及民間的社會工作者在協助服務對象取得救助資源的心路歷程，有社會工作者提到有受騙經驗、或有被申請民眾示威的負向經驗，失去對服務對象的信任，自己也從有愛心變得理智、謹慎提供資源；但也有社會工作者提及因為與服務對象的深入接觸，發覺有些是真有需要，而非原先所想的貪婪，因而積極爭取資源。筆者將社會工作者因評價服務對象值得幫助與否以及服務對象所採取的策略，歸結出「傾力相助，融入」、「無奈讓步，非情願融入」、「順應民意，非意圖融入」以及「斷然拒絕，排斥」四種互動類型。當他們協助有需要者、值得幫助者取得救助資源，就扮演融入的角色；如果因個人價值觀、經驗或申請者的態度，將他們認為不值得幫助者拒於門外，社會工作者就成為排斥者。為了避免過度負面個人經驗影響，社會工作者一方面需要自我覺察，一方面需要與有經驗的同儕或督導討論。

三、巨視：制度設計及影響

（一）制度設計

綜觀社會救助制度的設計，「親屬責任」及「工作倫理」是目前制度執行的兩大困擾，也是歷次修法攻防的焦點；而低收入戶「全有全無」的設計，也戕害使用者脫貧的動機。所謂的親屬責任，在法規設計上，審核的列計人口除申請人外，還包含配偶、一親等之直系血親、同一戶籍或共同生活之其他直系血親等，揭示政府僅在家庭無法承擔時始介入的思想和社會控制。而工作倫理，在法規上展現於工作收入計算、工作能力認定及協助低收入戶／中低收入戶就業等。其中需特別提的是「設算制度」，只要是法定有工作能力者，縱使目前無工作、實際所得，若無特殊排除條件，至少也要認列基本工資。工作能力及虛無收入設算的雙重箝制，加深因急難而需社會救助者獲得協助的難度。

另外，從福利項目來看，政府及民間資源的給付幾乎都以低收入戶為對象，雖有中低收入戶的設計，但其福利項目與額度，仍難與低收入戶相提並論。當低收入戶習慣全方位的經濟補助後，一旦離開就完全喪失，落差之大，對於低收入戶要脫貧，是阻力，不是助力。需留意社會救助制度全有全無的設計，是否形成福利陷阱，助長民眾過度依靠政府。

（二）非政策預期的效果

社會救助制度對福利使用者提供穩定生活的可能，當他們無法進入或尚未預備好卻被迫離開時，會發展出不同的因應對策。當面對計算血親而無法取得福利的不合理，有些民眾甚至會假離婚／結婚、終止收養關係、免除扶養義務等。看來，國家原期待透過親屬互負扶養義務來維持家庭功能，結果極端地卻造成妻離子散的反效果。另外民眾在理性計算後，會調整就業行為，如轉向地下經濟、不完全就業、甚至不就業，以取得福利。工作倫理原有的本意應是鼓勵工作，然而在有些使用者眼中，反倒造成抑制工作動機的反效果。

（三）社會工作者的回應

　　社會工作者作為制度的執行者，關心制度的安排，是否讓某些值得幫助的人不得其門而入，反倒讓沒有需要而會爭取的人進入，就不能有公義的體現。社會工作者輕者可以依法行政之名，公事公辦，不多尋求解套之道，亦可運用一般行政裁量權對於收入衡酌不同的計算標準；重者可透過《社會救助法》第5條第3項第9款（簡稱539條款）來排除親屬責任的列計人口，這些都可能影響民眾是否得以進入救助體系。換言之，同樣的法律規定，但透過社會工作者作為執行者的價值判斷，可能產生出不同的結果。

　　綜上，在責備使用者福利依賴以前，政府要先反省，如果制度最初「立意良善」，至終「結果走樣」，探究原因可能是「過程手段」出了問題。列計人口及設算收入等的安排及執行者的自身價值、操作，或是造成制度從原本欲融入，到結果反排斥的因素。後續要更務實地檢視制度該如何操作安排、執行者該有怎樣的價值、角色和協助，才能發揮制度協助有需要者進入安全網的融入初衷。

貳　社會保險現金給付

　　社會保險係社會安全制度中重要的一環，目前我國的社會保險體系係按職業別分立，不同職業別的社會保險制度有不同的主管機關。我國社會保險包括公保、軍保、勞保（普通事故）、國保、農保等。其中投保人數最多的為勞工保險及國民年金保險。以下微視層面介紹社會保險，中介層面討論服務輸送網絡，巨視層面則探討政策問題。

一、微視：社會保險

（一）勞工保險

勞工保險適用對象為 15 歲以上，65 歲以下的勞工。目前給付項目包含生育、傷病、失能、老年、死亡（普通事故），勞保年金有老年年金、失能年金和遺屬年金三種給付（勞動部勞工保險局，2017a）。

社會工作者在服務過程中，個案較常出現的議題，首先是「有工作，但不願加入勞保」。此類多因怕加入勞保後，被查調到工作所得或以投保金額列計工作收入，進而影響福利資格審核；抑或因有欠債問題，怕被法院強制扣款，故寧可不加保，轉入地下經濟或現領日薪的工作。此舉除有被工作剝削之虞，當發生生育、失能、死亡等情事時，無法獲得保障，更會影響日後老年年金給付的權益。

再者是「沒有工作，去職業工會加保」，此或想累積勞工保險年資及取得相關保障。然勞工保險局（2017a）表示勞保為在職保險，必需有實際從事工作，才能加保。目前如果沒有工作，依規定就不能參加勞保。至於實際從事本業工作並以所獲報酬維生之無一定雇主勞工或自營作業者，才能由所屬本業職業工會申報加保。

（二）國民年金保險

國民年金保險主要納保對象是年滿 25 歲、未滿 65 歲，在國內設有戶籍，且沒有參加勞保、農保、公教保、軍保的國民。國民年金提供老年年金、身心障礙年金、遺屬年金三大年金給付保障，及生育給付、喪葬給付二種一次性給付保障（勞動部勞工保險局，2017b）。

二、中介：服務輸送網絡

（一）法規與實務運作

勞保主要法規為《勞工保險條例》，其主管機關在中央為勞動部，在直轄市為直轄市政府，設勞工保險局為保險人。勞保係採申報制度，雇主應於所屬

勞工到、離職當日填具加保申報表或退保申報表送交勞工保險局辦理加、退保手續。另外，試用期間、建教合作班學生於訓練期間，雇主及訓練單位應依規定為其申報參加勞保。

國保主要法規為《國民年金法》，主管機關在中央為衛生福利部，在地方是各直轄市、縣（市）政府。衛生福利部委託勞工保險局辦理，並為保險人。國民年金保險是由勞保局比對戶政及相關社會保險資料後，主動辦理納、退保作業，並寄發繳款單給符合加保資格的人。因此，不需要向勞保局申報參加或退出國民年金保險，只要在收到國民年金保險費繳款單時去繳費就可以（勞動部勞工保險局，2017b）。

（二）民眾資訊取得

勞保雖為雇主應主動替受雇者加保，唯怕服務對象因資訊錯誤或不充足，損及自身權益，社會工作者在服務過程，應提醒服務對象若雇主未依規定替其加保或未如期繳納保費，應向勞保局相關單位洽詢。另外，坊間出現利用多數勞保被保險人不瞭解勞保的弱點，謊稱申請手續困難，要求委任代辦但要抽取三成佣金的「勞保黃牛」。若不慎遇到，依勞工保險局（2017a）的建議，在給付送件前：不要將身分證、印章、存摺交給他人，寄存證信函，並聲明不委託辦理。已送件，勞保局未付款前：(1) 寄存證信函、解除或終止契約，聲明不委託辦理。(2) 向勞保局提出撤回給付申請。(3) 另由自己向勞保局提出給付申請。勞保局已付款、黃牛提起訴訟要求給付佣金：向法院主張報酬不合理，請求酌減或免予支付佣金，如有法律諮詢需要，可向「財團法人法律扶助基金會」請求法律協助。

國民年金部分除賴政府積極宣導外，沒有參加其他職業保險者許多是經濟弱勢的家庭主婦或無工作者，散佈在社區中，和其接觸的民間組織、村里幹事、相關社會工作者等，亦應具備相關知能協助宣導，力促他們納保，以保障渠等基本經濟安全。

三、巨視：政策問題

（一）制度競合

　　勞保局每月比對戶政及相關社會保險資料後，主動將符合國保資格者納保，不符合資格者退保。因工作難免會斷斷續續，勞保與國保在制度上彼此競合。社會工作者要特別提醒服務對象，有工作時保勞保，累積勞保年資，沒勞保時保國保，累積國保年資，等到老年退休時，兩種年資都可領取老年年金。另在老年年金給付上，基於政府資源不重複配置，若民眾領有相關社會福利津貼（低收入老人生活津貼、中低收入老人生活津貼、身心障礙者生活補助、老年農民福利津貼及榮民就養給付），就會以 B 式發給老年年金，但如果被保險人停止領取社會福利津貼，也沒有其他不能擇優計給 A 式的情形時，勞保局就會從他沒有領取社會福利津貼的當月起改按 A 式發給老年年金（勞動部勞工保險局，2017b）。有關 A 式計給（擇優計給）、B 式的差異，可詳見勞工保險局網站的說明。

（二）保費緩繳／減繳

　　令服務對象擔心的保費繳納問題，國保針對弱勢民眾之保險費補助，一般被保險人，由衛福部補助 40%；低收入戶由政府全額補助；身心障礙者按障礙程度補助 55%、70% 或 100%；至於家庭所得較低，但是又不符合低收入戶的資格，可以向戶籍所在地的鄉／鎮／市／區公所洽詢、申請所得未達一定標準的保險費補助資格認定，按家庭收入狀況補助 55% 或 70%。另外，無力繳納保費，最近十年內保費可申請分次補繳或分期繳納（勞動部勞工保險局，2017b）。

參　政府與民間的實物給付

　　除了社會救助及社會保險的現金給付外，近年政府與民間亦發展各類實物給付模式，其中以和食物維生相關的為多。例如臺中市成立全國第一家綠川店實體食物銀行；臺北市方荷生里長首度結合食物銀行與時間銀行，成立南機場幸福食物銀行、續食餐廳；新北市及臺中市政府結合超商推動幸福保衛戰、無飢餓網路等。前揭服務措施除了提供實物外，亦因製造工作人員與服務對象間的互動機會，無形中亦可開拓其人際網路以及社會參與的機會。以下微視層面討論需求評估與資源分配，中介層面討論資源網絡結合，巨視層面則探討法制面議題。

一、微視：需求評估與資源分配

（一）需求評估

　　綜合目前食物銀行的實施流程，多由第一線里幹事／里長、公私立機關（構）、公私立學校、社會慈善組織等轉介有需求的對象，如主要負擔家計者皆失業／部分失業，又有讀高中以下子女、列冊低收入戶、中低收入戶、其他因素確實亟需濟助者。再由政府或民間組織人員進行領取資格的審核。最後，一改過去統一發放物資的形式，讓民眾能在類似超商的實體商店，自由選擇所需的物品。相對地，幸福保衛站、無飢餓網路，則由兒童及少年在飢餓時主動至超商求助取餐，自由選取 80 元為原則的主食餐點及不含酒精之飲料一份，之後再由超商於 24 小時內傳真基本資料至該市高風險家庭服務管理中心，啟動後續關懷機制，試圖將實物與專業服務聯結。

　　在制度設計及執行過程，社會工作者需要顧及服務使用者的自尊，淡化施捨、救濟的色彩，轉為是有尊嚴的提供。避免他們因使用物資，而被貼上弱勢、無能力等負向標籤，造成在人際間的排斥及社會烙印。

（二）資源分配

依據衛生福利部社會救助及社工司（2017）統計，103 年度各縣市推動「實（食）物銀行」相關措施，計有 19 縣市，辦理 27 項方案計畫，分別有實物倉儲式、食物券式及資源媒合式三類，可見，大部分縣市皆已提供實（食）物銀行相關措施，是較普及性的服務；同時，政府也規劃推動全國性的無飢餓網絡。就資源分配對象，係以失業、部分失業等近貧者為主、次為列冊低收入戶、中低收入戶。以人口群看，特別關注 18 歲以下的兒童及青少年。在資源不重複外，亦體現兒童權益優先的精神。就提供實物內涵，從當下店內滿足飢餓的主食餐點，到定點統一發放物資、至類似超商可自由選擇白米、罐頭、奶粉等用品，再擴展到待用餐食[1]、共享冰箱、續食餐廳等，內涵更為多元，方式也更為彈性。

在資源的募集及分配上，需顧及食物分配正義的議題。己所不欲，勿施於人。服務使用者雖是無償取用，並不等於他們就得概括承受破舊、有安全疑慮的東西。建議物品必須至少是八成新以上，食品也需符合安全衛生的標準，即期品或 NG 產品，不宜過度分配給需要資源的人。另外，二手家電的部分，也需考量耗電量，若非環保產品，過度耗電反而增加受贈者的電費負擔，恐讓其生活更為困頓。

二、中介：資源網絡結合

（一）社區資源結合

前揭實務給付的營運模式，除少數是公辦或委託經營外，大多數是政府結合在地民間資源共同辦理，抑或鄰里、民間組織自行推動，可以說，在地民間力量的匯集，是重要的推手。這些第一線和經濟弱勢民眾接觸的村里長／里幹事、學校、相關社會工作者等，需對潛在需求個案及資源有敏感度、發揮即時通報的功能，才能讓承辦單位的專業社會工作者及志工，有後續關懷、提供服

---

[1] 待用餐食概念起源於「待用咖啡」，民眾可以預購咖啡，由咖啡店業者提供買不起咖啡的人們飲用。

務的可能。另外，如何善用社區內部力量，達到永續經營是一挑戰。借鏡臺北市南機場幸福食物銀行的經驗，他們藉由對社區弱勢居民每月提供定額物資落實弱勢照顧、透過擔任志工累積社區貨幣換取所需之物資促成社區互助、物資販售予一般家戶，所得支應相關營運支出以達自給自足（方荷生，2016）。

　　物資募集、需求評估、物資提供與配送、物資管理等都是非常重要的機制建立；否則可能出現社會工作者需要花費時間處理不良的物資、過多不需要的物資、對兒童健康不利的垃圾食物等。

（二）企業策略聯盟

　　為要永續經營、普及服務，除運用政府及社區資源外，與企業策略聯盟是重要利器。新北市及臺中市政府即是結合市內各大超商綿密的門市作為愛心守護站，運用現有資源提升實物給付的多元、新鮮及可近性。另外，臺北市南機場食物銀行與與家樂福基金會攜手合作，創辦全臺第一家「續食餐廳—書屋花甲」，將賣場中的即期品或不具銷售魅力，卻仍可食用且具營養價值的食物，捐贈給食物銀行進行料理，供社區居民與長者溫飽，藉此達到減少食物浪費也照顧經濟弱勢解決三餐溫飽的目標，創造多贏。

三、巨視：法制面議題

（一）《社會救助法》

　　《社會救助法》第 11 條規定生活扶助以現金給付為原則；第 16 條規定直轄市、縣（市）主管機關得視實際需要及財力，對低收入戶提供特殊項目救助及服務措施。綜合來看，各地方政府提供之服務項目有三節慰問金、托兒（育）補助、產婦及嬰幼兒營養補助、生育補助、教育補助、就學交通費補助、租金補助或住宅借住、房屋修繕補助、喪葬補助、學生營養午餐費用補助等。可以說，仍是以現金給付為主，非現金給付相對闕如。現金給付可以給使用者更大的自由權限運用補助款，而實物給付較可以掌握資源的運用是否如政策所設計，各有優缺點，但如何在社會救助現金給付之外，發展出一套更完整的實物、服務等福利輸送體系是未來需要發展的方向。

　　另外，臺中市政府於 105 年 1 月 18 日發布施行《臺中市食物銀行自治條例》，創全國之先將食物銀行法制化。定調實物給付係指以非現金發放方式，提供受助者生活所需之食物，而食物銀行則是以非營利方式，募集食物或物資，提供受助戶生活所需，以避免物資浪費，建構完善的社會安全網。另外亦對受助資格、申請管道、名冊建立、設置食物銀行之協助、表揚及轉介措施、物資共享及勸募管理以及相關局處對於食物銀行之行政協助等，都有明確的規定（臺中市政府社會局，2017）。中央政府也將在《社會救助法》中增列相關的條文。社會工作者對於上述政府的政策，仍需要關注所謂社會救助商品化、食物提供次級化的問題（Wang & Lyu, 2013），也就是社會救助制度不宜過度依賴商業市場運作、也不宜將次級食物／物品只提供給貧困家庭。事實上，無論從惜食的觀點或是環境保護的觀點，都是不同社會階級需要提倡的，如此才可能實際幫助需要的家庭。

參・考・書・目

一、中文部分

方荷生（2016）。從里民社會服務到臻吉祥食物銀行。發表於「台灣食物銀行定位、潛能與結盟工作坊」，2016 年 3 月 15 日，朝陽科技大學。

杜慈容（2014）。脫離福利能否走出貧窮？以臺北市低收入戶家庭為例（博士論文）。中文大學社會福利哲學，香港。

勞動部勞工保險局（2017a）。勞工保險。檢索日期：2017 年 6 月 13 日，取自 http://www.bli.gov.tw/default.aspx

勞動部勞工保險局（2017b）。國民年金。檢索日期：2017 年 6 月 13 日，取自 http://www.bli.gov.tw/default.aspx

臺中市政府社會局（2017）。臺中市愛心食物銀行。檢索日期：2017 年 6 月 13 日，取自 http://www.society.taichung.gov.tw/section/index.asp?Parser=99,16,257,,,,4492,346,,,,24,,9

衛生福利部社會救助及社工司（2017）。**社會救助措施**。檢索日期：2017 年 6
　　月 9 日，取自 http://dep.mohw.gov.tw/DOSAASW/cp-569-5007-103.html

二、英文部分

Kate Yeong-Tsyr Wang and Li-Ching Lyu (2013). The emergence of food bank/
　　voucher programs in Taiwan: a new measure for combating poverty and food
　　insecurity? *Asia Pacific Journal of social work and development, 23*(1), 48-58.

chapter

3

弱勢婦女就業、創業與社會工作

杜瑛秋

　　許多婦女因為遭逢生活變故或天災、人禍等成為弱勢婦女，其通常面臨經濟、居住、子女、心理、就業，甚至訴訟或醫療等個人或家庭問題。弱勢婦女求助社工員時，上述問題往往以經濟為主要需求，除了親友的經濟協助外，社工員可能會依其條件及資格申請各種社會救助，包括緊急生活補助、低／中低收入補助、弱勢兒少補助、租屋補助、兒童托育補助等，以解決及因應各項問題和生活適應。

　　然而，不管是親友的接濟、政府或民間的補助，大多是中短期、不足及不穩定的。長期上要協助弱勢婦女及其家庭生活穩定，改善經濟處境，還是要協助其就業，才能較有穩定的經濟來源。當然對於子女數較多或老人的弱勢婦女家庭，還要加上中長期部分社會補助，才能支撐其家庭生活運作。陸洛等學者（2012）研究指出，工作對每個人的生活具有深刻意義，除了滿足物質需求（如經濟需求、消費），也在心理、社會成就與社會關係產生連結，例如社會參與、社會地位、健康與福祉（林億玫、潘淑滿，2016）。筆者實務經驗發現，就業不僅解決弱勢婦女經濟問題，同時透過工作認識同事，建立人際關係支持網絡，並經由工作完成，提升心理成就感和女性自我價值感，甚至提高在家中的權力地位。

　　工作包括就業、創業，又分全職或兼職。經濟需求較高的弱勢婦女，往往需要全職工作才能獲取較多薪資以支應家庭支出，而有較多補助或需照顧學齡子女的弱勢婦女，則可能尋找兼職工作以增加收入。創業因需有成本資金投入、市場行銷、銷售風險等，較難很快獲得利潤，可能短期內還需要兼職工作收入因應生活開銷，一旦營運上軌道，便可以有較穩定收入以維持生活所需，甚至可以脫離貧窮。然而，實務發現，部分弱勢婦女有就業或創業的收入，卻沒有適當財務管理能力，導致賺多少用多少或是入不敷出的情形，生活仍持續有困難。因此，要協助弱勢婦女及其家庭生活穩定或改善，社工員提供就業服務與提升其就業能力、財務素養／知能[1]（financial literacy）是必要的。

---

[1]　關於財務素養與財務知能的意涵，詳見本書第一章的討論。

壹　弱勢婦女就業、創業的困境

　　依據勞動部統計（表 3-1）得知，臺灣女性勞動參與率低於男性，此狀況乃因傳統的性別角色分工，女性於結婚或生育後為照顧家庭或孩子，而主動、被動或被迫退出職場。如同朱柔若（2010）的研究指出，近二十年來臺灣的就業市場勾勒出三個性別差異鮮明的現象：其一，最明顯的特徵就是兩性的勞動參與率成反向的「男減、女增」的發展模式；其二，年齡別勞動參與的性別比較，也顯示婚姻與家庭對男性職業生涯的連貫性不造成任何中斷的影響，相反地，女性若想要維持不中輟的職業生涯，還得依賴更多的資源，以排除婚姻與家庭加諸其身「為人妻、為人母」的全職角色與重大職責。第三，則是職場中性別階層化的問題，仍然可以經由兩性受雇者的勞動報酬的差距鮮明地反映出來——不論男性優勢還是女性優勢的產業，在二十年中男女薪資差距雖有改善，但仍存在女性薪資普遍低於男性的「同工無法同酬」現象。

⊡ 表 3-1　2005-2016 年勞動參與率－按性別

年	總計	男	女	女／男（%）
2005	57.78	67.62	48.12	71.16
2006	57.92	67.35	48.68	72.28
2007	58.25	67.24	49.44	73.53
2008	58.28	67.09	49.67	74.03
2009	57.9	66.4	49.62	74.73
2010	58.07	66.51	49.89	75.01
2011	58.17	66.67	49.97	74.95
2012	58.35	66.83	50.19	75.10

年	總計	男	女	女／男（%）
2013	58.43	66.74	50.46	75.61
2014	58.54	66.78	50.64	75.83
2015	58.65	66.91	50.74	75.83
2016	58.75	67.05	50.8	75.76

資料來源：勞動部，http://statdb.mol.gov.tw/statis/jspProxy.aspx?sys=210&funid=mq03

　　當弱勢婦女可能因為家庭變故、經濟需求而必須進入職場就業時，其面對許多關於個人條件、家庭資源及就業市場條件限制等問題，分述如下。

一、　個人條件不足

　　個人條件有教育程度、年齡、身心狀況、工作經驗等。弱勢婦女其教育程度偏低、年齡偏高，在一個習慣進用年輕人的就業市場中，原本就容易成為淘汰的對象，如果再加上從未有工作經驗、身心狀況不佳、低就業自信、就業現實感不足、對人際畏懼、無法有體力或精力從事 8 小時工作等，則更難進入職場就業。創業部分，剛創業時需要投入許多時間、精力、財力，如果個人本身的財務管理能力不佳、短視近利，或是只想當老闆卻不願投入心力的心態等，其創業將可能會面臨失敗風險而背負債務。

二、　家庭資源缺乏

　　婦女經常擔負家庭照顧責任，包括家務、子女及長輩，不管研究或實務發現，影響婦女就業主要與是否有照顧資源有關。女性一旦離婚或喪偶後，通常帶孩子獨自生活，較少返回娘家居住，家庭支持資源更少，反觀男性卻帶孩子回原生家庭照顧，其家庭支持資源可以維持或擴大。同時，目前就業市場工作型態有假日或晚上，許多弱勢婦女在其個人條件不足下，難以進入朝九晚五、週休二日的工作職場。再加上目前托育市場太過昂貴、托育補助資源不足，如果沒有家庭成員支持與資源協助，則較難以進入職場就業。

三、　就業市場條件限制

就業市場條件是相當現實的，每個企業或雇主期待雇用有產能的員工，雇用的條件必須要符合工作時間、工作技能、好的工作態度等。弱勢婦女容易因為離開職場太久或從未進入職場，而無技能符合就業條件；或是工作時間因為家庭或子女照顧因素無法配合，而較難找到工作。實務上經常遇到弱勢婦女對於某些工作會有錯誤的想像或期待，例如很多弱勢婦女總是期待可以從事行政工作、總機或客服工作，認為只要坐在辦公室講講電話便可準時上下班，但實際上現今的行政工作需具備一定程度的電腦能力、溝通或應對技巧等。

貳　政府對弱勢婦女就業及創業措施

政府對於弱勢婦女有許多促進就業及創業措施。首先，在就業方面，各縣市均有多個就業服務站，提供三合一就業服務作業模式，社工員可帶弱勢婦女到就業資訊區，有自助式查詢職缺資訊及翻閱勞動相關書籍，獲取勞動市場動態。或者社工員直接轉介弱勢婦女到臨櫃式諮詢服務區，由個案管理員提供專人服務，依其需求推介就業、安排職業訓練，或針對非自願失業者協助申請失業給付等（楊靜宜，2016）。

部分弱勢婦女從未就業或職場適應有困難，也有許多促進就業工具可使用，例如職場體驗或職場再適應、安排專業心理師進行就業深度諮詢服務、促進就業課程、就業促進津貼，例如求職交通補助金、臨時工作津貼、職業訓練生活津貼、創業貸款利息補貼、就業推介媒合津貼等。此外，還有 24 小時免費求職專線 0800-777-888 及臺灣就業通網頁 https://www.taiwanjobs.gov.tw/Internet/index/index.aspx。

　　此外，各區勞動力發展署或市政府勞工局委託民間營利單位或非營利團體提供弱勢婦女就業服務。弱勢婦女創業部分，政府主要以經濟部中小企業處「飛雁專案」，以及勞動部勞動力發展署的「微型創業鳳凰計畫」為主。兩者均有創業諮詢服務、創意課程、協助商品行銷拓展、女性創業典範，但後者有提供免保證人、免擔保品，最高一百萬創業貸款資金，貸款最長七年，前兩年免息，由勞動力發展署全額利息補貼。民間部分則有中國信託基金會的信扶專案，其同樣有創業貸款、免保證人免擔保金，其與政府不同之處有貸款金額可以創業資金需求分次動撥貸款金額，創業顧問全程提供協助，包括家訪、創業地點勘查，以及不定期創業相關問題討論，如果需要社工員輔導，則有提供社工背景的創業輔導員。

參　協助弱勢婦女就業／創業的首要任務

一、信任專業關係是服務成效的關鍵

　　實務上常發現，社工員經常提出各種就業服務困難，例如社工員提供就業資訊後，婦女都沒有去面試、受到婦女欺騙、要求婦女去找工作，她也都沒有行動等問題，探究原因，大部分是「未與婦女建立良好專業關係」（杜瑛秋，2016）。專業關係建立可依婦女的就業意願與急迫程度區分，對於就業意願高且急著找工作的婦女，可能提供就業資訊或協助就業前準備，其便容易順利找到工作，專業關係可能很容易建立。但對於其他就業意願不高或就業能力不佳的婦女，如果沒有好的專業關係，服務就難以進行。信任專業關係基礎未建立前，婦女難以告訴社工員其以往就業史、財務情形、需求、意願等，婦女可能隱瞞或不願告知過往自身不利或不堪的就業經驗，但該就業經驗可能是影響就業持續關鍵因素。例如婦女未去面試乃因為看不懂地圖、沒有交通工具、沒有

自信或不敢自己去面試，但怕社工員罵而不敢去。又例如婦女想要創業原因是只要跟社工員說要創業，就可以有貸款機會，貸款下來時先還債、先使用，但卻沒有真正想要創業。

　　上述種種情形導致社工員無法有完整資料進行較具體、完整評估，更遑論擬訂個案同意就業計畫和提供服務項目。同時，社工員服務過程中可能感覺婦女說謊、抗拒、不願意配合，進而產生婦女沒有就業意願或需要的假象，社工員也會產生很深的無力感。

　　良好的助人關係是協助效果達成的關鍵，且同理是助人關係中的主要元素。女性主義的觀點指出，女性的性別角色特質是重視人際關係，女性人際關係的特質重視相互的關懷與同理。社工員與婦女建立關係時，除了運用收集到的資料，進入服務對象的生活脈絡，瞭解其所處生活處境，以及回應其需求和情感外，最重要的是與服務對象建立相互同理的關係，讓服務對象體會社工員是真誠關心她、理解她的處境，使其感受到社工員站在她的立場協助她，有「和她在一起」的感覺（劉珠利，2006）。

　　依據上述原則及筆者實務經驗，以下是與婦女關係建立方式的建議：社工員一開始建立關係時，可視其就業需求急迫程度提供不同內容，例如較急迫者可直接與其討論尋找工作管道方式、就業職種內容及條件、身心準備或應徵準備。而不急迫者，可以「聊天」方式進行會談，內容則以婦女平日生活議題切入，例如其興趣喜好、孩子狀況、家務整理狀況等，並多提供情緒支持，透過關心和同理與婦女建立信任關係外，也可瞭解其優勢之處、評估家庭支持與資源網絡。

　　此外，信任關係好壞也影響服務對象自決與服務對象的參與程度。當社工員與服務對象建立信任關係後，服務對象認同社工員的就業評估、表達自己對就業期待和需求、願意與社工員共同擬定就業計畫，在社工員陪伴下，執行就業或創業計畫。由於關係已建立，服務對象執行計畫會主動告知或分享其執行內外在的障礙困難，社工員除了連結或提供資源外，透過與服務對象對話引導服務對象看到優勢與不足之處，服務對象再依其步調及情形決定處理的時間與方式（杜瑛秋，2006）。

二、就業評估

就業評估有就業意願、就業期待、身心狀況、就業史、家庭或社會支持情形與資源、就業能力等。分述如下：

（一）個人就業意願

個人想要就業的意願，含括個人的就業動機與需求兩部分。首先在動機方面，就業動機的評估可包括三個層次，包括婦女心裡有沒有真的想要工作？想要找哪些工作？有沒有計畫要如何找工作？是否開始有找工作的行動？例如婦女想要找工廠的作業員，她是透過看報紙，還是到就業服務站詢問，或是問左右鄰居？當看到有工廠在徵作業員時，有沒有實際打電話或直接前往應徵的行動？以上如果都有做，就可以判斷婦女的就業動機較強，如果只是說說，而沒有實際行動，可能評估其就業動機較低。

其次在就業需求方面，每個婦女的就業需求不太相同，有經濟需求，例如無收入或收入不穩定；有成就或教育需求，例如想透過工作獲得成就感或增加學習技能、歷練；需要協助家人或自己要償還債務，例如丈夫欠債、用卡債來因應生活開支；降低或滿足心理的經濟不安全感；在家裡無聊想要工作打發時間；有些補助費用要求婦女要有工作才可以取得子女托育費或交通津貼；也有婦女因為正在訴訟爭取監護權，擔心沒有工作收入不容易爭取監護權，所以需要找工作。

不同婦女處境對於就業需求有所差異，以對於新移民而言，其就業需求可能是需要幫助母國家人改善經濟、爭取身分證需要有財力或工作證明或是提升家中權力地位等。以受暴婦女而言，其就業可能想要掙脫施暴者的經濟控制、經濟剝削或工作控制，期待可以脫離或降低暴力。實務上，婦女大多以解決經濟問題與滿足經濟需求為主要，其次是償還債務或有經濟的不安全，也有不少是因要符合社福期待才有就業需求。

（二）就業期待

　　就業期待就是服務對象期待從事哪種職種、工作時間及工作薪資等。就業期待會與就業史、身心狀況、家庭或社會支持資源，以及就業能力相關。由於大部分服務對象需要照顧孩子，期待工作時間是需搭配孩子上下學時間，而工作內容也會期待是行政人員為主。然而，許多週休二日又是朝九晚五的職缺往往是可遇不可求，行政人員工作內容更需要有一定學歷及行政庶務能力條件，而非個案想像只要坐在辦公室，聽聽電話打打字的輕鬆工作。就業市場服務業職缺相當多，幾乎都需要輪班或是晚上、假日工作，如果幼小子女沒有資源可以照顧，服務對象就難以選擇服務業工作。

　　就業服務過程中，社工員經常會遇到服務對象表達任何工作都願意做，可是當社工員找到職缺資訊告知服務對象時，服務對象卻會以各種理由一一拒絕，例如離家太遠、薪資太少、擔心身體無法負荷、工作看起來很難、沒時間去面試等。此時社工員可暫停尋找就業資訊，與服務對象確認就業意願，及瞭解拒絕背後是否有尚未發現的隱憂。

（三）身心狀況

　　服務對象的身心狀況會影響其就業，例如處在家暴環境中的受暴婦女，可能因為施暴者經常打其頭部或身體，而導致健忘、身體受傷無法拿重物、久坐或久站。或者有些婦女，身體有過敏狀況，無法長期待在容易過敏發作的工作環境，例如倉庫、市場、餐廳。甚至有婦女害怕接觸人群，無法從事較需要接觸人群的工作，例如在賣場或餐廳工作。

（四）就業史

　　個案以往就業史相當重要，就業史包含每個工作的內容、職稱、工作持續時間、離職原因等。社工員可由以往就業經驗，協助尋找適合的職缺、評估個案每個工作就業長度及離職的預測。例如 A 個案每次工作時間都是維持半年就離職，此時社工員便可預測下次工作可能持續六個月左右，進而瞭解其離職

原因，並針對離職因素事先進行處遇，例如協助 A 婦女因應職場壓力、人際溝通方式等，以打破每次工作都六個月的循環。

（五）家庭或社會支持資源

由於目前托育、課後照顧時間，或托老與就業市場時間有落差（例如有一個國小一年級孩子的 B 婦女，好不容易找到餐飲業，但假日需要輪班工作，安親班假日卻沒有營業），許多婦女有無家庭或社會支持資源以協助其托育或托老，成為其就業與否的重要因素，尤其子女年齡越小影響越大。社工員需評估服務對象周遭支持資源，進而協助連結或擴大支持系統以解決托育或托老問題，才能促進婦女就業。

（六）就業能力

就業能力（employability）又稱為就業力、就業競爭力等。就業能力定義：臺北市勞動局在就業諮詢與就業競爭力思維架構圖中，對於就業競爭力包含五項： (1) 具備有效找工作的技能：例如面談技巧、履歷撰寫、應徵工作的資料準備等。(2) 有能力瞭解適合自己的職業類別：求職者有能力瞭解其興趣、價值觀、工作能力，並能依據上述瞭解選擇適合的職業類別。(3) 瞭解是否具備該職業類別之職缺所要求的技巧和資格：求職者有能力瞭解自己是否有具備該職業類別之各職缺需要所求的技巧和資格。(4) 表現出適合的工作態度、行為及人際溝通技巧：與長官及同事相處之人際溝通表達能力。(5) 具備處理與工作有關的家人關係與生活環境問題等能力。

實務發現女性常常因為生育、家庭退出職場，就業與否，常常需考量其家庭照顧，因此除了上述五種就業能力，應該再加上三種能力：(1) 生涯規劃能力：包括已就業中婦女，其對未來職業生涯規劃；未就業則除了職業生涯規劃外，還有人生生涯規劃。透過生涯規劃可促使婦女做生涯或職涯的準備，瞭解自己就業能力不足及待發展能力。(2) 性別平等的意識覺醒能力：需要透過性別教育，提升婦女性別平等觀念，促進持續留在職場，例如就業對女性的好

處、家務分工及母職分攤等。(3) 財務素養／知能：現金、非現金財務（例如資產、物資）及債務管理。此外，新移民則需加上聽說讀寫的語言能力。

　　協助弱勢婦女就業時，可依其就業意願與就業能力進行分類提供服務。

　　（1）就業意願低 + 就業能力高類型：社工員進行深度服務瞭解就業意願低的因素後，可與就業社工聯合服務嘗試提升就業意願，同時也透過就業諮詢及就業資訊提供其就業前的身心理準備。

　　（2）就業意願高 + 就業能力高類型：只要社工員提供就業資訊或簡單就業諮詢，就可以找到工作。

　　（3）就業意願高 + 就業能力低類型：通常這類型的婦女其就業障礙較多，大多是就業自信與家庭照顧問題居多，但由於有強烈就業意願，社政社工員與就業社工員只要聯合服務，解決就業障礙，其很快就可以進行就業，同時其就業能力很快就能提升。

　　（4）就業意願低 + 就業能力低類型：此類型的婦女，社工員需要花費較多心力與時間服務，例如輔導婦女看到就業對自己、家庭的好處、體驗經濟需求的現實等。如果可以協助其進入準備性就業職場，可加速其服務的成效。

　　實務上發現，只要就業意願較強烈，雖然就業能力不佳，協助其就業較容易。反之，則不容易。就業社工員需要不斷透過關係建立、服務內容和方式評估以瞭解婦女就業意願，一旦發現其就業意願仍無法提升時，必要時需暫停就業服務。暫停就業服務前，社工員必須透過會談，以不批判方式引導婦女看到從服務開始到會談前的服務歷程，進而從歷程中看到雙方的努力、投入及正面臨瓶頸或無力感，再提出暫停提供就業服務的可行性。過程中社工員需要聆聽婦女的說明與想法，當婦女發覺自己尚無就業意願與需求，也同意暫停就業服務時，社工員還是以性別觀點說明女性就業對自我發展的好處，釋出社工員未來願意再提供服務的訊息，以鼓勵婦女未來可以隨時再找社工員協助或討論就業或創業相關議題。

　　如果婦女表達不願暫停結案，例如她想要就業，但不知如何進行、擔心被歧視、害怕進入職場等，或是擔心結案後再也不能打電話找社工聊聊，失去情緒支持來源，或是結案後再也無法申請社福物資、補助。經過會談後，婦女

仍表達想就業時，社工員可與婦女訂定雙方都同意的短期、具體、可操作且清楚的服務目標與內容。舉例而言，可訂定一個星期內有一個半天，社工員與婦女共同上網或到社區尋找二到三個工作機會、打電話詢問工作條件及爭取面試機會。如果遇到婦女擔心結案後無法再找社工員情形，社工員可向婦女澄清結案不代表不能打電話找社工員，社工員也不會因為結案而拒接電話，婦女有需要時仍可以尋找社工員。如果婦女擔心因為就業服務終止影響其福利取得時，將徵求其同意由社工員向福利取得社工員說明，或進行三方聯合會談，溝通協調彼此的狀況與期待，以達到三方共識。

肆　階段性婦女就業／創業服務

　　階段性婦女就業服務包含：準備性就業服務及支持性就業服務，分述如下：

一、準備性就業服務

　　部分弱勢婦女因為其過往的經驗、處境，或從未有就業經驗，造成較難以馬上適應職場，需有準備性職場就業可以先體驗或適應正式職場的環境、作息、規則與人際等。所謂準備性職場是提供有就業意願的弱勢婦女就業機會，透過準職場的安全工作場所、工作氛圍及社工專業人員就業協助，弱勢婦女可以有薪資收入外，還可提早適應職場，增進職場人際互動關係，強化其就業信心及就業能力，增進工作職能，提升其競爭能力，進入一般競爭性職場穩定就業。一旦離開準備性就業職場，結束準備性就業服務，轉進入支持性就業服務，持續提供新職場的關懷、職場適應等就業服務，直到穩定就業三至六個月才結案（杜瑛秋、吳昭儀、張巧儒，2015）。由於準備性職場存在目的主要是

讓弱勢婦女在進入正式職場前有一個預備性的工作環境，而非以學習專業技能為目標，職種部分應以容易學習上手、大多人都可從事的行業為主，例如餐飲、烘培或商店、倉儲整理、房務整理等。

　　準備性就業服務是以服務對象為中心之服務，只要弱勢婦女有就業意願，經由轉介後便進入準備性就業服務，社工員一旦接案後，便開始評估弱勢婦女就業意願程度、就業期待與相關資源、支持程度。開案後，獲得其同意便進行就業能力評估表，以瞭解其就業能力情形，擬定後續就業計畫。如果有個管的社工，則邀請進行聯合會談，瞭解專業與網絡合作外，弱勢婦女是就業服務計畫主導者，需要其參與，而非只是被動服務的受助者角色。

　　準備性就業服務分為四個部分，包括進入準工作職場、職場適應能力準備、協助進入一般職場及就業支持與追蹤。社工員在準備性就業服務中，需經常進入該職場提供策略性各種個別或團體的處遇服務，之後與弱勢婦女討論後續處遇計畫。前三個月是提供弱勢婦女適應職場相關處遇服務，包括工作技術適應、工作環境適應、職場人際與主管適應，以及弱勢婦女工作後本身及其家人的適應，例如職場人際溝通、經濟補助、托老與托育安排、物資提供、工作分析、身心調適等。

　　三個月後，社工員針對進行就業能力不足或缺乏提供服務，例如理財與理債、數位能力、中文能力、工作價值、壓力抒解、工作相關法令等；離職前三個月，社工員開始進行一系列就業促進處遇服務，例如撰寫履歷自傳並上傳至網路人力銀行、面試技巧、禮儀、職業適性尋找、求職及工作交通路線規劃等，以協助其進入一般競爭性職場持續就業。一旦轉銜至職場則開始支持性就業服務，社工員定期與不定期提供弱勢婦女所需的職場關懷服務與適應輔導等。而準備性職場在團隊運作下，協助其面對問題與逐步依服務對象步調與準備解決問題，有了成功經驗後，進入一般性競爭職場，便可複製成功經驗，加速職場適應，增加就業穩定機會（杜瑛秋等，2015）。

　　實務上發現有些弱勢婦女工作難以穩定，不斷更換工作，資歷及薪資難以累積外，雇主也不太喜歡雇用就業時間太短的員工。這類型弱勢婦女通常不是就業態度或就業認知有狀況，就是人際適應有問題，導致較難穩定同一工作。

因此，可透過準備性職場調整其就業態度或認知，協助提高人際適應及表達能力，增加其就業穩定度。

二、支持性就業服務

支持性就業服務中社工員則需要經常以外展方式，進入弱勢婦女居住之社區提供就業服務。由於準備性就業服務在職場中提供，且提供較密集性服務，對於各種狀況可以掌握與立即處理，社工員與弱勢婦女之間很容易建立信任關係，且有團隊服務介入，服務成效顯而易見。支持性就業服務則只能透過面訪與電訪方式服務。雖然社工員會以外展方式提供服務，但與弱勢服務對象建立關係的速度與信任度遠不及準備性就業服務，相對地服務成效呈現較為緩慢。其中常見到是弱勢婦女在職場上經常遇到人際與主管適應困難與衝突，其解決方式就是轉換雇主（主動與被動離職），以致於就業不穩定。由於社工員難以進入職場瞭解，也不太可能未經婦女同意下，與雇主瞭解職場人際與主管溝通狀況，只能透過其陳述瞭解情形以提供服務。

社工員提供弱勢婦女就業服務需依就業需求及急迫程度而調整。對於急需就業的弱勢婦女，其就業意願較強烈，較容易與其討論就業職場、尋職、身心理準備、應徵準備，不僅關係容易建立，處遇項目也較容易進行。其次，對於就業意願中等，但就業能力不佳的弱勢婦女，難以在短期內協助其就業，需要先建立關係，解決內外障礙、提升就業能力，方可進入職場工作。

社工員提供弱勢婦女的就業服務，可分一般服務及就業相關服務內容。一般服務是透過會談技巧提供情緒支持、心理輔導、資訊提供、資源轉介或是連結，例如連結托育機構、托育／經濟／交通／住宅補助、職訓／物資／醫療資源等。

就業相關服務區分為就業前、就業後，如下：（一）就業前：社工員提供弱勢婦女就業前服務有就業市場認識、就業條件和能力認識、職種認識、求職管道認識與使用、求職陷阱瞭解、實體與網路履歷撰寫教導、面試服務儀容教導、面試技巧教導與演練、面試前相關資訊及資料準備、與雇主聯繫技巧教導、就業前心理調整與準備。（二）就業後：勞動相關法令認識、職場的適應

輔導，像是職場人際及環境、工作內容適應、家庭壓力因應、勞工問題協助處理，例如工資發送不穩定、職場霸凌或性騷擾、勞動相關契約簽訂（如果派遣工作必須協助弱勢婦女檢視合約合理性，特別是違約時需擔負的責任）、財務管理、職涯或生涯的發展輔導等。上述服務內容可以個別或團體方式提供。

三、創業服務

Das（2010）將女性創業動機分為三類：(1) 機會型：創業前無明確目標，隨著時間推移，逐漸從興趣轉為商業經營，或延續家庭事業逐步擴大。(2) 被迫型：因為生活情勢所逼而投入創業行動。(3) 創造型：透過創業為個人帶來自我肯定、激勵，證明自己有能力面對挑戰，尋找個人生涯定位（引自林億玫、潘淑滿，2016）。實務經驗發現，弱勢婦女創業原因不少屬於被迫型：為了解決債務或生活問題，或是子女無人照顧或無力購買托育，而選擇創業。其次是因為以往原生家庭、夫家或自己曾有創業經驗，當其面臨需要就業或創業抉擇時，才願意選擇創業。再其次是透過技能培訓（例如手工肥皂、咖啡、烘培、羊毛氈、指甲彩繪）或專業人員服務過程中，發掘婦女有特定的才能或興趣（例如新移民很會烹煮其母國食物，如越南、泰國的食物，擅長料理家務、口才很好、對色彩很敏感、外語能力佳），搭配國內現行創業各項資源連結，進而鼓勵婦女嘗試創業。

弱勢婦女創業相當辛苦，但當其創業有成時，帶來不僅是經濟改善，社會階層向上流動而脫離貧窮，更助長其自信與成就感，甚至改變在家中的權力位置。林億玫與潘淑滿（2016）研究發現新移民婦女創業後自我經濟獨立，增加對自己價值肯定，更因所得收入改善家庭經濟獨立，而提升在夫家地位，得以參與家庭決策而翻轉（部分）性別權力關係結構。

大部分社工員認為創業是涉及企業經營、金融知識、市場等專業，社工員無此專業也不懂，只要將個案連結到政府或民間創業機構便可。殊不知，個案創業期間，各種議題接踵而來，例如子女托育問題、家人對創業意見不同、個案對貸款不瞭解或對輔導顧問畏懼或不滿、高度創業壓力導致身心狀況不佳等，皆需要有信任的社工員與其討論，提供支持，以共同度過高壓創業初期。

以下流程圖為筆者擬定社工員協助弱勢婦女創業的服務流程：

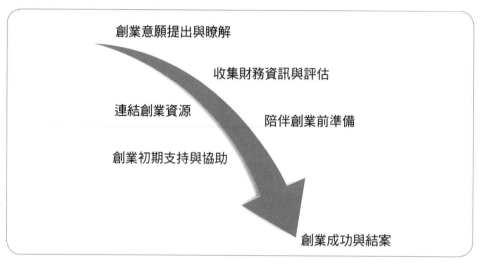

● 圖 3-1　協助弱勢婦女創業的服務流程

（一）創業意願提出與瞭解

　　弱勢婦女可能自己想要嘗試創業，或是社工員在服務過程中發現有特殊才能可以創業，例如做手工包包。由於有部分弱勢婦女認為創業相當輕鬆，可以自己當老闆，想開店時再開店，不需要每天都做生意，或者認為可以兼顧照顧孩子。因此，當服務對象提出有創業想法時，社工員可瞭解為何想要創業，以及想創業的職種。

（二）收集財務資訊與評估

　　社工員收集弱勢婦女財務相關資訊外，包括收入、支出、負債、資產等，也需評估其是否具有創業特質（勇於行銷、冒險等）、創業職種及是否有相關技能（例如自己很喜歡吃水餃，想要賣水餃，卻不會包水餃，對於水餃好不好吃也沒有辨別力，認為只要水餃都很好吃），以及家庭支持程度與資源等。

（三）連結創業資源

社工員根據評估結果，與服務對象討論可連結政府或民間相關的創業資源，例如政府的微型創業鳳凰或民間中國信託基金會信扶專案。不管是哪種創業資源都要求需要先進行課程培訓、有顧問指導與陪伴。

（四）陪伴創業前準備

目前有些創業課程可以允許社工員陪同上課，透過陪伴上課，社工員一方面可學習創業基礎具備的知識外，二方面社工員可參與創業過程，陪伴服務對象一起完成創業所需要的各種準備，例如創業計畫書、相關稅法認識、企業經營與財務管理、實體及網絡行銷方法、店務管理、貸款認識等。創業需要承擔各種風險，創業一旦失敗，可能導致背負更大負債，所以，婦女創業前也需要身心理準備。

（五）創業初期支持與協助

開始創業後，輔導顧問扮演很重要的角色，有些顧問屬於重點指導式，有些顧問全程陪同，包含創業產品確認與進銷存建議、創業地點陪伴尋找、財務精算、行銷方式協助、風險討論等。對於從未有創業經驗的弱勢婦女，顧問全程參與和陪伴是相當重要。此階段社工員提供較多鼓勵與支持角色，偶爾充當產品試吃或試用團。同時，創業初期生活通常呈現混亂局面，容易對家人有疏忽或無耐心，社工員協助或教導其抒解壓力或安撫家人。此外，社工員可透過機構協助行銷，發起團購以支持產品。例如，D 婦女創業種類是現打新鮮果汁，社工員可發起機構團購果汁，增加其業績與自信，或是透過機構網絡或網路行銷推薦。

（六）創業成功與結案

當弱勢婦女創業已成功上軌道，社工員便可以進行結案。結案過程中社工員帶領個案回顧整個創業歷程辛苦與成就之處，進而肯定其努力，持續維持處遇成效才結案。

　　社工員協助弱勢婦女創業時，可扮演提醒者、指導者、教育者、分析者等角色，例如創業過程中可能需要貸款，社工員可瞭解貸款相關注意事項，例如貸款額度限制、利息及未來還款規定，但不可涉入遊說弱勢婦女一定要貸款或擔任保證人等。

伍　提升財務素養／知能

　　實務發現許多弱勢婦女對於自己的財務狀況不清楚或無法控制、不知如何管理，以致入不敷出，陷入貧窮的困境。韓千山（2016）認為，貧窮帶來的壓力和焦慮感，會給幸福感帶來極大的負面影響。貧窮也會影響個人自尊心，造成羞恥感。在所有情緒當中，羞恥感最讓人感到無能為力，因為它讓人減少社交活動，進而喪失對自己的信心。另外，貧窮會造成一種心態，那種心態會使人無法有效面對問題，籌劃合理的解決方案。的確，弱勢婦女常因經濟問題影響心理而出現身心症狀況，例如陷入憂鬱、過度焦慮到拔頭髮、自律神經失調；或是因此被迫參與非法活動，例如擔任詐騙集團人頭帳戶；向地下錢莊借錢、以信用卡借錢等行為，進而造成人身安全陷入被威脅的處境。

　　因此，要協助婦女提升財務素養／知能是相當重要的。張素菁、邱淑云、賴政昌（2016）認為，財務素養／知能就是辨識財務資訊的知識及處理財務問題的相關技巧。財務素養／知能有兩大面向：

（一）財務資訊辨識能力

　　對於財務資訊的認識、理解、計算及分析。財務資訊又可分為基礎財務資訊及投資理財資訊。前者包括收入（薪資收入、補助收入、非工資收入、其他收入等）、支出（基本生活開支、還款支出、稅務支出、保險支出、投資支出

等）、資產（動產、不動產、貴重金屬等）、負債（親友借款、互助會、合作社、房貸、信貸、信用卡借款等）四大類；後者則包含各式各樣的投資工具資訊，如基金、股票、保險、房地產等。

（二）財務處理的決策能力

即對於財務資訊解讀、分析後產生的決策行為，包含買、不買；投資、不投資；賣、不賣等取捨的決定，其中會伴隨著對金錢處理態度、風險意識及價值觀取向等主觀意識，影響財務行為的變化。

社工員協助弱勢婦女提升財務素養／知能，首先需要讓其意識到財務狀況對其與家人（尤其是子女）的影響嚴重程度，進而促使願意與社工員盤點其財務情形，再討論及執行如何改善或補救計畫。由於財務對於許多民眾來說是屬於隱私，社工員通常難以在短期內獲得婦女信任而進行盤點財務資料。社工員可透過一次次會談慢慢收集完整。社工員提出時機點，可透過提供就業、創業服務及協助申請相關補助時提出，如下：

（一）提供就業服務時機

社工員在與弱勢婦女討論就業時，會詢問婦女其期待就業職場及期待收入範圍。當其討論需要多少收入以滿足生活所需時，便會盤點其目前生活收入與開支情形。

（二）提供創業服務時機

社工員協助創業服務，可能先詢問婦女或是透過陪同專業創業顧問時瞭解其基礎財務資訊。由於涉及未來是否有貸款機會，此時便可瞭解婦女的債務情形、信用狀況及擁有的動產與不動產資訊。

（三）協助申請相關補助時機

由於社工員申請相關補助，必須先瞭解服務對象收入及相關支出，申請政府的補助還需要有財稅資料及瞭解是否有申請其他補助等，以避免重複補助，例如申請低收入戶、身心障礙補助費用，只能取最高補助額度，而非兩種補助

相加而成的金額。一旦發現重複補助，政府將要求繳回溢領的金額。但是如果民間補助費用，服務對象可能會擔心影響補助而有所隱瞞或避重就輕，此時社工員就得旁敲側擊慢慢瞭解，或是等待服務對象信任關係建立後才得知。

　　社工員評估服務對象基礎財務資訊，除了服務對象自行述說外，社工員可透過觀察平時消費習慣、穿著及攜帶物品、生活情形進行觀察，並將其觀察與案主核對，以避免先入為主的刻板印象或造成誤解。例如 C 婦女與社工員會談時買星巴克咖啡請社工員，社工員婉拒，心理猜想服務對象都沒錢還去買一杯一百多元的拿鐵，可見她經濟應該還好。社工員進一步瞭解才知道，服務對象從小被教育送禮是要送最好的才有禮貌，為了要感謝社工員幫其申請補助及找工作，所以她把吃午餐錢省下來買咖啡給社工員表達謝意。

　　此外，社工員可經由服務對象自述收入與支出，對照其居住地點、家庭人口數等資訊，瞭解其是否有隱藏部分訊息。例如筆者擔任某單位審查補助委員，如發現有申請者其支出高於收入不少，而且已持續多個月，筆者詢問這段時間其生活如何持續，經社工員瞭解才發現申請者部分收入、或有申請物資、或是親友救助等資訊，但未告訴社工員。

　　社工員激發服務對象意識到財務素養／知能重要及瞭解其財務資訊後，便開始進行提升服務對象財務資訊辨識能力及決策能力。首先，從教導記帳開始。從記帳中瞭解其平日收入、支出、資產及負債情形，以及非金錢的收入，例如政府或民間單位給予生活物資或設施設備等，由此便可知道其消費習慣，整理分析中哪些支出是必要與非必要、是服務對象需要支出還是想要支出，進而計算出每月生活所需的費用，找出可節省的項目或金額。

　　消費習慣乃是長期養成，社工員發現婦女有不良消費習慣導致其欠債或入不敷出時，可運用行為改變技術或認知改變方式，鼓勵其逐漸修改習慣，例如以往每兩天要喝一杯手搖茶飲料、咖啡或是瓶裝飲料，可以鼓勵婦女改以買茶包或咖啡包自己沖泡，或是喝公司提供的茶包或咖啡，又新鮮又可以控制糖量，又可以減重。又例如服務對象認為刷信用卡可以分期繳付最低金額，但不知道需繳納高額循環利息、循環利息計算時間從刷卡時間就開始，社工員可實

際帶著服務對象計算其需繳納高額利息，以及繳不出信卡費用的影響，進而減少服務對象使用信用卡分期繳納的行為。

要激發婦女有記帳習慣或改變不良消費習慣，有時將子女拉入共同討論是必要且可行的。社工員可透過水晶球方式，讓服務對象表達未來期待與孩子生活的情形。通常服務對象期待與子女過著無經濟壓力的生活，社工員藉此激發服務對象改變消費行為意願，並鼓勵服務對象與子女討論如何達到未來無經濟壓力的生活方式，例如減少買玩具、在家裡吃飯減少外食機會等。實務經驗發現身為母親的服務對象，因為其弱勢處境而對子女有所愧疚，無視於經濟狀況，購買禮物、帶孩子吃較昂貴餐廳或讓其補習才藝，或購買最新型手機、手搖飲料作為彌補。相對地，實務也發現，當服務對象有上述情形時，部分子女可以理性提醒或阻止服務對象想要彌補的消費行為。

除此，當婦女支出減少後，社工員與其討論金錢分配與儲蓄方式。例如每月可儲蓄費用或是可參加民間的儲蓄互助社，當其有緊急需要時，例如學費、醫療費或小額創業，便可透過借貸使用。

陸　擴大支持系統

實務經驗發現，影響婦女職場適應、離職與否，都與人際關係有很大的關聯，而其是否可以順利或穩定就業，也與其支持系統是否足夠有關。因此要協助解決婦女就業障礙及穩定就業，必須擴大其支持系統。支持系統分為以下二種：

一、家庭支持系統

家庭支持系統對弱勢婦女就業相當重要。實務發現不少弱勢婦女家庭支持

系統較為薄弱，例如弱勢婦女因為傳統觀念不想麻煩原生家庭，或是認為離婚不應該再請求婆家協助或尋求娘家支持。社工員評估弱勢婦女就業障礙需要其娘家、婆家或家庭資源時，可遊說其意願，教導其各種家庭溝通方式尋求家人支持與協助，像是弱勢婦女加班時可將子女暫時請家人代為照顧。

二、人際支持網絡

　　許多婦女結婚後，因重心轉移到家庭照顧與經營，其人際支持網絡會逐漸減少。但是，人際關係對於女性是重要的。Jordan（1997b）認為由於女性的自我是人際取向，許多負面的情緒，可以視為在關係中受挫的反應，例如羞愧、憤怒、憂鬱。關係自我理論中，最主要幫助個案有兩大部分：一是與個案建立相互同理的關係，二是幫助個案擴大她的社會支持網絡（劉珠利，2006）。社會支持網絡包括宗教團體成員或小團體、學校的志工或家長會、社區發展協會中媽媽團體、社區志工團體、社區婦女中心、職場同儕等。當弱勢婦女有了自己的人際支持網絡，其將可在日後生活中提供支持力量。因此，社工員需協助弱勢婦女從生活中、工作中建立及維持人際關係。

柒　就業服務需具備之知識與技巧

　　社工員經過學校養成教育，奠定基礎知識能力，而當從事就業服務時，需要具備的知識與技巧則包括知識能力、技術能力及基本觀念等。

一、知識能力

　　社工員就業服務的知識能力包括弱勢婦女相關知識及就業相關知識能力，例如勞政、社政相關法令、法規、措施、社會資源與資訊、勞動就業市場人力

資源管理、行職業分析、認識人格疾患、精神疾病、職涯發展、風險管理——
就業、創業及職業訓練的風險、理債與理財等。

二、技術能力

就業服務技術能力有履歷撰寫能力、面試技巧能力、服裝儀容能力、開發
廠商及經營能力、就業配對能力、溝通協調能力、危機處理能力、評估能力、
問題解決能力、資源連結與開發能力、協助婦女解決其職業選擇、轉業或創業
能力。

三、基本觀念

社工員服務的弱勢婦女各有不同處境，社工員除了有知識、技術外，還應
該有多元性別、多元文化的概念與敏感度，同時遇到資源缺乏、分配不公、歧
視時，也需要有倡議的觀念，以進行個別、團體及政策倡議。

捌　結論與建議

弱勢婦女求助時，往往都有經濟需求及人際問題，除了提供常見各項社工
服務處遇，再加上就業處遇將可滿足經濟需求、擴大人際關係，生活獨立自
主。值得注意的是，弱勢婦女就業過程中，經常遇到托育子女資源不足、就業
意願不高、就業態度認知不佳，及進入職場後難以持續穩定工作等各種狀況，
因此需要網絡人員的合作才行。

弱勢婦女就業的不利處境，不僅是個人造成更是整個社會結構導致而成。
如同《消除對婦女一切歧視公約》（Convention on the Elimination of All Forms
of Discrimination against Women, CEDAW）第 11 條第 1 點指出：政府應採取

一切適當措施，消除在就業方面對婦女的歧視，以保證她們在男女平等的基礎上享有相同權利，特別是（a）人人有不可剝奪的工作權利。可見政府需擔負起，改變不利弱勢婦女就業的社會結構及環境的責任，以下為筆者提出的幾項建議：

一、婦女就業必須搭配平價且符合就業時間的照顧系統

　　目前托育照顧制度過於市場導向，且與就業時間不符，導致大多從事服務業的弱勢婦女因為托育問題而無法就業。建議政府應整合托育照顧機制，鼓勵有假日或晚上托育外，托育費用也需考量勞工階層可支付之水準，建立社區型平價托育照顧系統。

二、倡導企業需有社會企業責任，落實《性別工作平等法》

　　實務中經常發現，單親弱勢婦女因為必須返家照顧生病子女，而被雇主資遣或強烈暗示其影響工作。臺灣的《性別工作平等法》雖定有家庭照顧假，許多雇主仍無視法令規定。建議政府應積極倡導企業，尤其是中小企業，應該落實《性別工作平等法》，並負起社會企業責任，給予弱勢婦女一個好的性別友善職場。

三、創業輔導應貼近弱勢婦女需求

　　雖然政府與民間推出不少創業輔導，但實務發現政府的創業輔導較無彈性，且輔導專家無貼近弱勢婦女創業的實際需求，例如要求貸款一次要貸五十萬或一百萬的定額數。建議政府在規劃創業輔導時，各項措施應更符合弱勢婦女處境。

四、規劃多元及個別深入的就業服務

　　目前政府有許多對於弱勢婦女各項就業促進的措施，包括弱勢婦女及獎勵雇主。但是弱勢婦女有許多內外在障礙，經常需要搭配社政服務，服務時間會依其不同問題而有不同，而非都可以在短期內出現績效。建議政府規劃多元且

支持提供深入個別就業服務，而且如果有釋出短暫工作機會應負起管理責任，以免造成工作價值觀誤導，認為政府的短期工作都是相當輕鬆。

五、破除社會對弱勢婦女職場各項歧視

臺灣就業職場對於弱勢婦女仍有就業歧視，可透過媒體宣傳、職場開發與連結過程中，讓雇主看見弱勢婦女的能力及帶來的產值，進而提升其社會責任形象外，也可以透過互動向雇主澄清其以往對於弱勢婦女就業的各項迷思、就業相關法規。

六、政府應要求銀行降低循環利率

當欠債者有能力或無力還款時，應終止循環利息，並審慎審查信用卡辦理、貸款資格、銀行循環利率過高，以及信用卡、現金卡濫發，導致許多弱勢婦女在無法分辨下容易淪為卡債族，甚至債臺高築，導致無力還款的窘境，看不到人生未來希望。政府應要求銀行降低循環利率，當欠債者有能力還款時，應終止循環利息，並審慎審查信用卡辦理或貸款資格。

參・考・書・目

一、中文部分

朱柔若（2010）。職場中的性別主流化：從性別統計看就業平等政策之成效。**城市發展**，8-25。

杜瑛秋（2006）。**女性主義觀點運用於家暴婦女案主服務**。內政部舉辦家庭暴力及性侵害本土化社工處遇模式研討會。

杜瑛秋、吳昭儀、張巧儒（2015）。**加分還是減分？職能治療師對於受暴婦女就業協助之功能探討研究──以勵馨基金會為例**。國際社會福利協會中華民國總會、臺灣社會工作教育協會、國立臺北大學社工系舉辦 2015 年社會工作、教育與社會發展促進人性尊嚴與價值研討會，244-259。

杜瑛秋（2016）。看見未來的希望：從受暴婦女就業社會工作看見發展性社會工作。載於黃琢嵩、鄭麗珍（主編），**發展性社會工作：理念與實務的激盪**（179-194頁）。臺北市：雙葉書廊。

楊靜宜（2015）。就業服務一案到底作業模式執行情形分析。**就業安全，14(2)**，73-80。

劉珠利（2006）。**女性性別角色與社會工作**。臺北市：雙葉書廊。

韓千山（2016）。**金融社會工作的定位與內涵**。金融社會工作教育推廣中心舉辦金融社會工作高峰論壇。

張素菁、邱淑云、賴政昌（2016）。**跨專業脫貧策略的可能**。金融社會工作教育推廣中心舉辦金融社會工作高峰論壇，19-28。

林億玫、潘淑滿（2016）。跨越雇事：新移民女性微型創業經驗。**社會政策與社會工作學刊，20(1)**，1-48。

勞動部。**性別勞動統計查詢**。取自 http://statdb.mol.gov.tw/statis/jspProxy.aspx?sys=210&funid=mq03

chapter

4

親密伴侶的經濟暴力與社會工作

王珮玲、陳姿樺

壹　隱諱不明的親密伴侶經濟暴力

一、經濟議題與親密伴侶暴力

　　經濟是生活的基本需求，近年來全球與臺灣本土的經濟發展均面臨嚴重的挑戰，當經濟不景氣時，新聞媒體上不時看到諸如為錢衝突憤而殺妻、殺妻自殺、失業父親殺子自殺等家庭暴力事件的報導；雖然經濟議題在親密關係中扮演很重要的角色，但經濟議題與親密伴侶暴力（Intimate Partner Violence, IPV）的關係，卻是相當複雜。Weaver、Sanders、Campbell 與 Schnabel（2009）指出，經濟議題在親密關係暴力問題的討論上，至少包含三個層面：第一，雖然不同社經地位的婦女都有可能是受暴者，但許多研究指出，較低收入或貧窮的婦女更可能受害（Fawole, 2008；王珮玲，2010；王珮玲，2012）。第二，經濟依賴與親密關係暴力之間的關係。缺乏經濟資源的婦女與小孩，必須依賴施暴者的經濟供給，因此，經濟依賴會增加受暴的可能性。第三，經濟議題在親密關係暴力中也可能是一個實質的暴力展現——也就是「經濟虐待❶」（economic abuse）。施暴者對親密伴侶以各種方法在經濟上加以控制、剝奪或是剝削，導致受暴婦女無法取得、使用或是擁有經濟資源，造成在經濟、心理、社會活動等的困境，此乃對被害人基本人權的嚴重侵害，即為經濟暴力行為。

　　再者，經濟暴力與其他親密伴侶暴力行為關係非常密切。研究指出，經濟暴力多數與其他暴力有共生關係，亦即發生經濟暴力者，絕大多數伴隨有肢體暴力或是精神上的暴力（Adams, Sullivan, Bybee & Greeson, 2008; Postumus,

---

❶　在本文中，「經濟虐待」（economic abuse）與「經濟暴力」（economic violence）二個名詞是指相同的概念，二個名詞亦會在文中交替出現，此係尊重相關文獻作者原始所採用的名詞所致。

Plummer, McMahon & Zurla, 2012）。依據美國對全國婦女的暴力調查（The National Violence Against Women Survey, NVAWS）資料顯示，婦女遭受伴侶經濟虐待者，相較未遭受伴侶經濟虐待的婦女，有 4.68 倍遭受肢體暴力的風險（Outlaw, 2009）；亦即，婦女可能因為經濟上被伴侶控制，導致婦女對伴侶在經濟方面高度的依賴，因而致使婦女有更高的暴力危險。而 Bronstein（2006）更指出，經濟依賴與受暴的關係是雙向影響的（bi-directional）：因為高度的經濟依賴會促使婦女容忍暴力，而暴力行為的重複出現，則更增加了婦女對施暴者的經濟依賴；又因為肢體暴力對婦女的身心健康造成損害，進而影響婦女的工作能力與工作表現，婦女可能因此喪失獲得工作的機會，最後陷入更依賴施暴者的困境中。

二、經濟虐待內涵隱晦不明，不容易辨識與察覺

　　然在目前相關的親密伴侶暴力發生率調查中，呈現經濟虐待發生的比例並不高。例如在 NVAWS 的資料中發現，在全部調查樣本（n=11,327）中，僅 2.1% 的婦女認為自己曾遭伴侶的經濟虐待[2]；而在曾遭受伴侶肢體暴力的婦女中，有 8.0% 的婦女表示亦曾遭伴侶經濟虐待（Outlaw, 2009）。這樣的結果顯示似乎婦女遭伴侶經濟虐待的比例不高，但這牽涉到有兩種可能的原因：第一，大部分有關對經濟虐待發生率的調查，係以調查肢體暴力為主，經濟虐待暴力僅是其中一或二題的題目，並無法真正反應出親密伴侶的經濟虐待狀況（Postmus et al., 2012; Tjaden & Thoennes, 2000）。第二，婦女、甚至是社會大眾，對經濟虐待的瞭解是不夠的，因為經濟虐待的內涵有時隱晦不明，不容易被辨識與察覺。例如前述有關婦女因經濟能力不足必須依賴施暴者的狀況，婦女對伴侶的經濟依賴看似是一種客觀的現象，但形成這樣的依賴過程，是一種伴侶雙方協商下的產物？抑或是伴侶刻意促成的？有時候是隱微難辨的。

---

[2]　Outlaw（2009）分析 Tjaden 與 Thoennes（2000）所進行的 NVAWS 資料，進一步檢視非肢體暴力與肢體暴力的發生率，發現在對全美國成年婦女的抽樣調查樣本（n=11,327）中，發生比率最高者為情緒虐待（15.6%），其次為社會虐待（12.2%），再其次為肢體暴力（5.1%），最低者為經濟虐待（2.1%）。

Postmus 等人（2012）歸納相關研究發現指出，在美國福利制度改革後，約有16%-59%的受暴婦女表示，她們的施暴者不鼓勵、或是阻止她們去工作；又例如施暴者故意阻撓婦女繼續進修，以致於讓婦女無法在工作上發展（Tolman,1989）。在這樣的情況下，婦女即必須依賴施暴者的經濟協助。因此，所謂婦女因經濟能力不足而對於施暴者的「客觀的經濟依賴」，亦可能是施暴者刻意阻止婦女工作獲得經濟資源所造成的結果，其過程也是屬於一種經濟虐待策略的展現（Adams et al., 2008），但這樣的過程與結果連結，並非是婦女或工作者皆可清楚辨識的。

貳　親密關係中的經濟暴力內涵與影響

一、經濟暴力的內涵

　　何謂經濟暴力？學者間對此的定義雖然有不同的描繪，但出現的共同核心概念是「權力與控制」（power and control）（Adams et al., 2008; Brewster,2003; Fawole, 2008; Postmus et al., 2012; Sanders et al., 2007），也就是說，經濟暴力是施虐者對被害人展現權力與控制的一種手段。例如 Fawole（2008）定義經濟暴力是「加害人完全控制被害人的金錢、經濟資源與活動」。Adams等人（2008）則將經濟虐待定義為「控制婦女去獲得、使用或維持經濟資源的能力，因而威脅到婦女的經濟安全以及經濟自足的可能性」，同樣認為經濟暴力的核心是施虐者控制被害人，並進一步對經濟暴力的手段與結果有更明確的說明。

　　Adams 等人（2008）對經濟暴力的界定可謂是目前最完整與清晰的陳述，指出經濟暴力包含下列三種策略：

（一）阻止伴侶取得經濟資源

經濟暴力最明顯常見的手法就是施暴者阻止婦女獲得工作或持續工作，例如禁止婦女外出工作，或用各種破壞手法，諸如毆打致傷、拒絕分擔照顧小孩等，讓婦女無法外出工作（Brewster, 2003）。我國一份有關探討親密關係暴力對受暴婦女就業影響的研究（陳靜惠，2010），該研究訪談受暴婦女亦發現：施暴者妨礙受暴婦女就業的行為樣態多元，例如以婦女工作有關的言語辱罵與恐嚇婦女、對婦女施暴、干擾婦女睡眠、破壞或阻止婦女使用上班所需工具、以及給婦女過重的家庭責任（如孩子照顧以及家務處理都要婦女獨自負擔）等，以阻止、干擾婦女外出工作。另，施暴者也會到婦女工作場所進行騷擾或跟蹤，包括電話騷擾婦女或其同事／主管，出現在婦女上班地方、對婦女公司同仁或客戶散播對婦女不利或導致其難堪的批評／毀謗等；用各種方法破壞，以便讓婦女無法持續的工作。

另外，一些研究亦指出：有些施暴者為了不讓婦女取得更好的經濟資源，最常用的方法就是干擾婦女的進修計畫，讓婦女無法繼續進修取得工作技能與條件，以獲得較佳的職業或職位（Anderson, Gilling, Sitaker, McCloskey, Malloy & Grigsby, 2003; Tolman, 1989）。

（二）阻止伴侶使用資源

另一種經濟暴力是阻止婦女使用所有的經濟資源，特別是施暴者控制資源的分配，以及監督資源的使用方式。施展的方法包括掌握家中的經濟大權，不讓婦女知道家中金錢帳目、限制婦女金錢的支配與花用、檢視婦女的每一項花費、或是不讓婦女擁有銀行帳戶等（Anderson et al., 2003; Brewster, 2003; Davies & Lyon, 1998）。另外，我國的研究也發現，有些施暴者會控制或監視婦女使用家中的交通工具，諸如不讓婦女使用汽車、將汽車鑰匙藏起來、或是監視記錄婦女汽車的行駛公里數等（邱筱媛，2011；陳靜惠，2010）；這些方法、策略都是藉由阻止婦女使用資源，讓婦女必須順從、服膺施暴者的掌控。

（三）剝奪伴侶的資源

最後一種經濟暴力的方法是施暴者故意剝奪婦女的經濟資源，包括偷竊婦女的金錢、對外舉債等讓婦女負擔、或是破壞物品讓婦女增加經濟負荷等。Anderson 等人（2003）曾對 485 位向外求助的受暴婦女進行調查，發現 38% 的婦女表示施暴者曾偷竊她們的錢，偷竊的方法包括從錢包偷拿、偷 ATM 卡盜領、或是未經告知即拿家中需支用的錢去賭博等。另外，施暴者也可能破壞家中的物品、汽車、用品等，迫使婦女必須額外花錢修復、購買。再者，有些施暴者會拒絕付貸款、保險金、帳款、違規罰款等，或是未經婦女同意就在外以婦女的名義借貸、購物等，這些帳務都會轉至婦女身上，讓婦女增加負擔、背負債務。施暴者從這些狀況中獲利，卻利用這些行為剝削婦女的經濟資源，對婦女的經濟穩定與信用造成很大的破壞（Adams et al., 2008）。

由上述的說明可知，經濟暴力的範圍相當廣泛，除以施暴者控制為核心外，也擴及施暴者的剝奪行為，以及威脅婦女經濟安全與經濟自足的狀況皆屬之。我國近來有關親密伴侶暴力的研究中，已經注意到經濟暴力發生率的議題。潘淑滿、游美貴（2012）以隨機抽樣方式自內政部家庭暴力資料庫中，抽取 2008-2010 年親密關係暴力通報案件經社工評估開案的個案記錄資料約 2,200 份，發現財務／經濟暴力發生率在三年中分別是 18.4%、19.5% 及 17.1%。另在該份研究中，亦對各縣市接受個案管理服務之親密伴侶暴力被害人進行問卷調查，發現在 202 位有效樣本中，有 41 位被害人曾遭受伴侶的經濟控制，發生率為 20.3%。而在另一份對 203 位擁有保護令婦女的調查也發現，婦女遭受其男性施暴伴侶經濟控制的比率是 16.9%（王珮玲，2010）。

二、經濟暴力的影響

經濟暴力給被害人帶來的影響是多方面的。首先，經濟暴力會導致婦女在經濟上的不安全，且無法達到經濟自足（economic self-sufficiency）。Postmus 等人（2012）將經濟自足定義為有能力維持穩定的工作，而不會落入貧窮以及接受社會福利的救助。遭施暴者經濟虐待的婦女，可能因施暴者的阻止，長久

離開職場，或因離開職場過久不易找到工作（林桂碧、杜瑛秋、鄭敏菁，2007），或是受加害人阻礙與騷擾而無法保有工作（陳靜惠，2010）等，因而無法獲得或維持一份穩定的工作，導致經濟上無法自立自足，必須依賴施暴者。而婦女因為無足夠的經濟資源，當離開受暴者後，生活上立刻遭遇經濟困難，面臨非常不確定的狀態，生活日漸匱乏，或是落入貧窮的狀態必須仰賴社會福利系統的救助，甚至有些可能即成為無家可歸的遊民（Davies & Lyon, 1998）。

第二，經濟暴力迫使被害人在經濟上依賴施暴者，此深深影響婦女對離開受暴關係的決定，也影響婦女選擇安全策略的決定。許多實證研究均指出，經濟問題是受暴婦女無法離開受暴關係最重要的原因之一（Anderson et al., 2003; Bornstein, 2006; Postmus et al., 2012; Sanders, 2007）。當婦女的經濟資源不夠時，離開施暴者後需立即面臨居住、生活、小孩教育、保險等各種開銷支出的龐大壓力，此往往降低受暴婦女脫離暴力的動機。另一方面，由於婦女在經濟上必須依賴施暴者，婦女害怕施暴者斷絕對她的經濟供給，因此也阻礙了婦女做出其他安全計畫的決定，包括對外求助、報警、聲請保護令等（Kim & Lee, 2011）。研究者在參與實務工作時也見到，婦女因發現施暴者受法院裁定必須接受加害人處遇，因而影響工作，婦女就到法院撤銷保護令，好讓家中「主要經濟負擔者」的工作不會受到影響。雖然婦女對施暴者的經濟依賴並非皆由經濟暴力所引起，但不可忽略的是，當婦女是處於經濟暴力的情境下，經濟暴力對婦女處理受暴關係的影響會更大。

第三，經濟暴力與親密伴侶各種暴力行為密切相關，也會間接影響婦女的身心健康。依據許多的研究顯示，婦女遭受經濟暴力的同時，亦同時遭受其他暴力行為的傷害（Adams et al., 2008; Lehmann, Simmons & Pillai, 2012; Postmus et al., 2012），且婦女遭受伴侶經濟虐待者，相較未遭受伴侶經濟虐待的婦女，有 4.68 倍遭受肢體虐待的風險（Outlaw, 2009）。另許多婦女因被施暴者限制，無法外出工作，可能造成婦女感到孤立、情緒低落，以及對自我的無價值感。而婦女因長期遭受施暴者的經濟剝奪或剝削，生活面臨極大的壓力，但又必須妥協與忍耐，因此常會感到挫折與焦慮；長久下來，心理與生理負荷過

重，即升高了發生身心疾病的危險（Lindhorst, Oxford & Gillmore, 2007; Moe & Bell, 2004）。而遭受經濟暴力的婦女在多重暴力的傷害下，可能經常處於高度的退縮、憂鬱、焦慮，甚至是有創傷後壓力症候群（Posttraumatic Stress Disorder, PTSD），此容易導致她們對酒精或是藥物產生依賴，形成負面循環，對婦女的身心健康帶來更大的傷害（Moe & Bell, 2004）。

參　經濟暴力的處遇回應

當個案要處理一段經濟暴力，需要關心的層面包含心理、經濟。心理層面涵括服務對象遭受暴力，對其身心所造成的影響，或是個體對於處理經濟議題的無力感；而經濟層面，則是需要瞭解服務對象所面臨的經濟問題成因，例如：卡債、入不敷出、就業困難等情況，針對個別經濟問題，與服務對象討論財務安全計畫，促進其經濟自主。

社會工作的方法可分為直接、間接服務，其中直接服務係指社會工作者直接對服務對象提供服務時，所使用的工作方法，直接服務又可細分為個案工作、團體工作、社區工作。經濟暴力處遇回應，茲就個案工作、團體工作（如圖 4-1），分述如下。

一、個案社會工作

在服務過程中，社工與服務對象間維持一對一的專業關係，以服務對象的心理、經濟議題為著眼點，協助服務對象與其所處的環境做有效的調適，以促使服務對象個人經濟自主發展的一連串工作過程。

（一）覺察意識主體性受損害

　　經濟暴力經常是隱微、持續地在日常生活中發生，經濟虐待的目標和其他形式的暴力一樣，都是為了取得關係中的權力和控制。經濟虐待經常都是伴隨著精神、肢體的暴力同時發生，意圖透過操弄、恐嚇、威脅，取得並維持對另一半的控制。經濟暴力包裝在親密關係中，對於金錢的控管看似合理，但其實只有一個目的，就是把另一半困在關係中。社工可以協助服務對象試著回想自己在處理經濟虐待的經驗、感受，或許服務對象正覺得自己無法有效管理自己的金錢。同時，促進服務對象理解自身的無力感，正是另一半為了維持權力，透過經濟暴力的行為，控制服務對象及其經濟資源。

（二）界限的討論與重新建立

　　對於在親密關係暴力中遭受經濟剝奪情形的服務對象，另一半可能是不工作、不還錢、把帳賴在服務對象頭上，造成服務對象必須一個人負責家中所有的開銷、帳單，這都再再顯示家中經濟的責任都被歸到服務對象身上。服務對象往往受限於「親密關係」、「家庭」的框架，難以打破持續被經濟剝奪的困境。社工應該協助服務對象覺察在這樣的關係中，自己是否有被侵犯、不舒服的感覺。界限的建立可以幫助服務對象在親密關係之中定位，標明自己界限內的責任到哪裡為止，別人又是從哪裡開始，服務對象若能夠設立適當的界限，就知道自己界限範圍內的事，自己僅為界限範圍內的事負責，花時間解決界限內的問題。

（三）與服務對象進行資源盤點

　　針對經濟性議題，瞭解服務對象需解決的經濟問題，並與服務對象討論其生活規劃，協助服務對象設定目標並盤點所需的資源清單，根據資源清單瞭解自己目前不足的、可動員的、可獲得的資源現況，俾於掌握真正可使用的資源，執行自己想達到的財務安全計畫。

二、團體社會工作

　　為了回應親密關係暴力中的經濟性議題，規劃以認識經濟暴力、財務素養／知能[3]（financial literacy）培力為主題的團體方案，透過活動設計，提升服務對象回應經濟問題的能力與信心。方案設計的原則，除了檢視遭受經濟暴力經驗、財務素養／知能教育之外，也強調團體參與經驗的可轉換性，希冀服務對象將團體參與經驗、學習的知識或工具和生活產生連結，應用於未來情境。

（一）健康財務觀念

　　每個人對金錢的概念、理財方式多受原生家庭、成長歷程的影響，然而承襲而來的財務觀念不見得是適當的。團體課程內容包含儲蓄策略、收支平衡、財務安全、借貸方式、信用、投資、保險等，團體課程搭配活動設計，運用貼近成員生活的素材，讓團體成員有效掌握健康的理財態度與觀念，進而落實到日常生活的財務行為。

（二）實踐金錢管理

　　鑑於記帳能夠有效讓服務對象瞭解自己開支現況、用錢習慣，是改善理財的根本。在團體過程中，社工每週持續追蹤團體成員的記帳品質與問題，即時回應、解決其記帳困境，鼓勵團體成員養成每日記帳的習慣。在團體課程中，除了利用案例說明預算編列，亦會運用婦女實際生活流水帳，回顧其消費習慣，練習編列預算，調整日常生活的收支及分配比例，並透過生活財務目標的設定，實際落實金錢管理行為，俾於縮短理財知識與行為之間的距離，提高金錢管理的可實踐性。

（三）拓展個人覺察

　　目前大眾對於親密伴侶暴力的認知仍多停留在可以蒐證的暴力行為，較少

---

[3]　關於財務素養與財務知能的意涵，詳見本書第一章的討論。

意識到具強制性的控管行為影響個人主體的嚴重性。經濟虐待限縮親密伴侶暴力倖存者安全生活的空間與時間，迫使她們對加害人有更深的經濟依賴，威脅親密伴侶暴力倖存者的經濟安全和自我效能的潛在性。在團體過程中，運用經濟虐待量表，從服務對象個人經驗出發，辨識生活中的受暴處境，也幫忙服務對象檢視自己與他人的財務關係，洞察在關係中不舒服的感覺，幫助自己建立更自由的財務關係。

（四）發展個別計畫

團體課程的規劃中，大量使用方案參與者現有的個人素材，例如：保險清單、信用卡帳單、每週的記帳內容、省錢大絕招等，希望能夠直接反映服務對象的真實財務情形，提供更適切、可行的計畫。在團體所提供的一系列主題之外，亦安排方案參與者針對目前最想解決的財務問題，與財務專長講師進行個別化的理財諮詢，社工除了協助將困擾轉化為具體問題，俾於諮詢聚焦之外，亦會持續追蹤諮詢內容的執行進度，促進服務對象發展解決問題的能力。

工作方式不論是以團體、個案方式進行，關注面向不再僅是暴力、危機，而是從每天都會接觸的金錢、財務的問題開始討論，從中找到未來生活的新期待與目標，對於社工而言，不失為一個與親密伴侶暴力倖存者工作的新方向。在實務工作的過程中，個案工作與團體工作兩者是相輔相成。透過團體的辦理，更瞭解個案經濟議題，參與團體社工會將團體中的參與情形與個服務對象主責社工交流，藉此加強主責社工對個案瞭解，俾於銜接個案參與經濟賦權團體經驗，追蹤其經濟安全計畫，增進提供服務的深度。

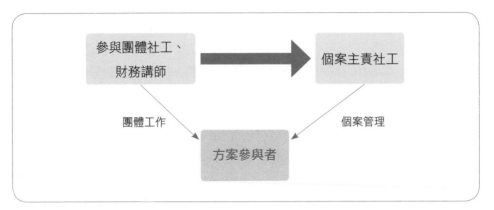

● 圖 4-1 個案工作與團體工作整合模式

肆　民間團體推動經濟賦權方案簡介

　　財務素養／知能教育方案一直都備受關注，特別是婦女經常被認為是財務素養／知能有限的族群，美國退休人員協會（America Association of Retired Persons, AARP）針對婦女個人財務狀況所需的理財技巧，研發女性財務教育資訊方案；另外，財務素養／知能方案曾以低收入戶為目標族群，這些方案都鎖定一個目標族群，提供參加者合宜的資源，研發一套主題、可應用的課程。但這些方案皆不曾在經濟虐待多所著墨，也就是說沒有探討親密關係暴力倖存者所面臨的挑戰（Postmus, 2010）。

　　女性比男性更容易暴露在親密伴侶暴力的風險中，經濟也可能會被視為一種控制的手段，透過否認或貶抑對方的經濟自足能力來操控受暴者（Adams et al., 2008; Fawole, 2008; Postmus et al., 2012）。縱使被害人有工作，相對人仍會阻止她取得薪水，或是迫使對方必須在經濟上依賴他。親密伴侶暴力倖存者是一個需要經濟虐待財務安全計畫教育的族群（Postmus et al., 2012）。

在 2005 年，美國家暴防治機構 Allstate Foundation 和國家終止家暴連線（National Network to End Domestic Violence, NNEDV）合作設計經濟賦權方案（Moving Ahead Through Financial Management）（Postmus, 2010），已將經濟正義和財務素養／知能教育納入他們所提供的服務中，除了協助親密關係暴力倖存者改善其財務知識、提升財務管理自信，以及增加安全財務行為，更進一步涵蓋經濟虐待的資訊，並關注安全議題。

在美國 Allstate Foundation 所設計的經濟賦權方案（Moving Ahead Through Financial Management）課程，課程內容包含五大單元：（一）瞭解經濟虐待、（二）學習基本理財知識、（三）掌握基本信用常識、（四）建立財務基礎、（五）擬定預算策略（如表 4-1）。而這些課程的規劃就是希望達到下列三個目標：（一）學習與現金、信用、財務管理相關的基本專業術語與知識、（二）瞭解基本理財流程（借貸申請、破產申請、信用評分、填寫財務文件）、（三）提供如何離開受虐關係的相關資訊。課程主題包含修補被破壞的信用或債務、找出安全財務資源、擬定經濟安全計畫，保護自己不再受施暴者的控制。

▣ 表 4-1　經濟賦權方案課程內容

單元	目標
瞭解經濟虐待	經濟虐待關係的辨識 財務安全計畫 離婚與子女的可用資源 揭露虐待風險 個人隱私挑戰
學習基本理財知識	財務管理 預算與儲蓄 資產與負債 銀行服務選項

單元	目標
掌握基本信用常識	檢視個人信用報告 瞭解信用評分 改善個人信用 瞭解破產
建立財務基礎	財務文件 借貸選擇 住處選項 抵押貸款申請流程
擬定預算策略	儲蓄策略 投資選項 保險檢視 進修職訓資訊

資料來源：Allstate Foundation（2017）

　　因美國羅格斯大學（Rutgers, The State University of New Jersey）的 Judy L. Postmus 有參與 Allstate Foundation 經濟賦權方案的發展與評估，現代婦女基金會於 2014 年度參採國外方案內容之外，亦向 Judy L. Postmus 諮詢與討論，進一步融入本土化的內容，提出一套有全面性相關主題的「女人 ＄ 進自由」經濟賦權方案。現代婦女基金會的「女人 ＄ 進自由」經濟賦權方案，涵蓋範圍有經濟虐待與關係、建立信用、擬定生活費用、儲蓄、保險、投資、退休計畫等內容，強調以財務素養／知能教育搭配社會工作專業，幫助親密關係暴力倖存者瞭解經濟弱勢的因素，提供可被執行的經濟安全計畫，提升方案參與者處理經濟性議題的態度、能力，進而解決問題。

　　現代婦女基金會規劃的經濟賦權方案內容，可分為「社會工作」與「財務素養／知能」兩個部分，方案內容整理如圖 4-2（陳姿樺，2016）：

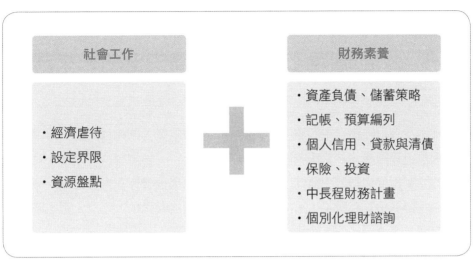

- 圖 4-2 「女人＄進自由」方案內容架構圖

　　「女人＄進自由」經濟賦權方案的團體執行，除了經濟虐待、設定界限、資源盤點的課程由社工單獨團體帶領之外，其於課程皆由社工與財務講師一起合作，社工在課堂中可以營造團體氣氛、掌握成員學習狀況，協助團體成員聚焦、具體提問；在每週團體結束之後，社工可和財務講師討論該次團體帶領經驗，回應團體成員的需求、特質，加強部分議題深度，更細緻地調整上課素材，以更貼近婦女生活的內容。

　　經濟賦權方案重心皆放在幫助她們達成個人經濟目標以及強化財務管理技巧，現代婦女基金會於 2014 年度採取立意取樣，曾接受本會服務且有意願參與經濟賦權方案意願的婦女列為選樣對象。2015 年度在招生條件上，除了上述必要條件之外，期待優先邀請有經濟虐待、經濟弱勢、財務資訊缺乏的服務對象，俾於團體內容討論的聚焦。

　　「女人＄進自由」經濟賦權方案執行兩年，共計招生 68 人，團體穩定參與人數為 50 人。針對 50 人進行前後測評估，發現服務對象參加方案後，財務行為開始改變，例如：設定財務目標、編列預算、還債等，在經濟賦權上亦是有所改善，包含：財務素養／知能成長、經濟自我效能、經濟自足。至於憂鬱、沮喪等其他心理的改變不顯著，但確實有隨著時間演進而減少。

伍　回應親密關係中經濟安全的未來展望

　　女性在尋求經濟自主的路上，或許會有許多阻礙，例如低工資、母職、社會性別角色等因素，然對親密關係暴力倖存者而言，經濟虐待更是會加劇經濟安全的障礙程度。經濟虐待除了控制、剝削，也傷害著倖存者對工作的努力，貧窮和虐待的相互影響中，可能迫使婦女留在受暴關係中。所以，親密關係暴力倖存者其經濟領域中的賦權更顯重要。

　　「女人＄進自由」經濟賦權團體是社工、財務講師所提供的經濟賦權方案課程，對團體成員而言只是一個停靠站，她們在這個的轉站機會中，補給原來生活中缺乏的財務素養／知能，共同建構的正向經驗，這些學了就不會離開的東西，不會因為經濟賦權方案的結束而停止，繼續陪伴案主因應未來生活。在親密關係中經濟安全議題上，針對經濟暴力的辨識與服務，也試提未來努力方向，分述如下。

一、增進經濟暴力的覺察

　　對經濟暴力的認識不應只停留在親密伴侶暴力倖存者的覺察，也需加強防治網絡成員對於經濟暴力的理解，並落實至親密關係暴力防治的服務，非只用單一事件、單一行為評估經濟暴力的嚴重性，而是透過情境脈絡，理解親密伴侶暴力倖存者主體性如何逐步崩解、被侵蝕，看見經濟暴力所帶來的效應，為親密伴侶暴力倖存者提供更有效實質的幫助。

二、落實經濟暴力保護服務

　　2015 年 2 月 4 日公布的《家庭暴力防治法》部分條文修正案，已經擴大保護的範圍，家庭暴力定義增列「精神或經濟上的騷擾、控制、脅迫」，明確說明家庭暴力的本質，不再著重於肢體暴力。在親密伴侶暴力倖存者的保護系

統中，民事保護令是法院依照《家庭暴力防治法》規定核發，可謂是親密伴侶暴力倖存者的暫時保護傘。然而，在這修法轉銜之際，家庭暴力定義的新思維不等同於法律實踐新行動的落實，實有檢視法令實際執行情形之需要，促進保護令條款回應經濟暴力倖存者的需求。

三、發展從服務對象出發的自助資源

現在理財相關的網頁、書籍並不難取得，但在服務對象中仍常有卡債、為另一半去借錢、當保人等情形，顯示缺乏的不僅是財務素養／知能，同時對於經濟暴力的議題亦沒有察覺，財務、經濟議題的知能並沒有和服務對象產生連結，無法將其運用於日常生活中。每一次的經濟賦權團體受益對象約十幾人，為了向更廣大的親密關係暴力倖存者分享親密伴侶經濟暴力的影響，在其致力於生活的同時，也能夠以不同形式提供經濟賦權自助資源，以親密伴侶暴力倖存者為閱聽者的角度出發，提升獲取經濟暴力議題、財務知識的可近性，讓親密關係暴力倖存者針對尋求經濟自主的工具或策略能夠有所預備。

陸　結論

這些親密關係暴力倖存者的經驗，提供我們看見被合理包裝在親密關係中的經濟虐待，偏偏經濟因素往往是親密關係暴力倖存者選擇留下、脫離虐待的最大障礙，社會工作者在與倖存者工作時更應評估這些經濟虐待的情況。在與個案工作時，提供有關經濟虐待的內涵，包括控制、剝削、阻礙工作活動等都是應致力於經濟虐待倡導的部分。

經濟虐待議題的覺察，不只是在服務提供方面，透過個案工作、團體辦理的方式，促進服務對象落實財務計畫的信心，期待能夠更有效陪伴親密伴侶暴

力倖存者邁向有尊嚴的自主生活。同時，在法律、政策方面，亦需加強對於經濟虐待的覺察，除了定義、防治經濟虐待的發生，也需設計支持倖存者經濟安全的政策，提供財務工具和策略，讓親密關係暴力倖存者能夠經濟自足。

參·考·書·目

一、中文部分

王珮玲（2010）。親密伴侶暴力案件保護令成效與相關因素之研究：以禁制、遷出及遠離令為例。社會政策與社會工作學刊，**14(2)**。

王珮玲（2012）。臺灣親密關係暴力危險評估表（TIPVDA）之建構與驗證。**社會政策與社會工作學刊，16(1)**，1-58。

林桂碧、杜瑛秋、鄭敏菁（2007）。家暴受害婦女就業意願與就業服務需求之研究。**台灣勞工雙月刊，10**，53-61。

邱筱媛（2011）。**親密伴侶跟蹤之研究：受暴婦女的經驗與回應方式**（碩士論文）。國立暨南國際大學社會政策與社會工作學系，南投縣。

陳姿樺（2016）。**親密伴侶暴力經濟賦權實務發展——以「女人＄進自由」經濟賦權方案為例**。王珮玲（主持人），經濟暴力被害人篇。「性別暴力服務策略與政策倡議」105 年度婦女人身安全實務研討會，文化大學推廣教育部延平分部。

陳靜惠（2010）。**親密關係暴力對受暴婦女就業影響之探討**（碩士論文）。國立暨南國際大學社會政策與社會工作學系，南投縣。

潘淑滿、游美貴（2012）。**親密關係暴力問題之研究**。內政部委託研究。

二、英文部分

Adams, A. E., Sullivan, C. M., Bybee, D., & Greeson, M. R. (2008). Development of the Scale of Economic Abuse. *Violence Against Women, 14*(5), 563-588. doi: 10.1177/1077801208315529

Allstate Foundation (2017). Financial Empowerment Curriculum. Retrieved from http://purplepurse.com/get-empowered/financial-tools/financial-tools-introduction/financial-empowerment-curriculum

Anderson, M. A., Gilling, P. M., Sitaker, M., McCloskey, K., Malloy, K., & Grigsby, N. (2003). "Why doesn't she just leave?" : A descriptive study of victim reported impediments to her safety. *Journal of Family Violence, 18*, 151-155.

Bornstein, R. F. (2006). The Complex Relationship Between Dependency and Domestic Violence. *American Psychologist, 61*(6), 595-606.

Brewster, M. P. (2003). Power and Control Dynamics in Prestalking and Stalking Situations. *Journal of Family Violence, 18*(4), 207-217.

Davies, J., & Lyon, E. (1998). *Safety planning with battered women*. Thousand Oaks, CA: Sage.

Fawole, O. I. (2008). Economic Violence To Women and Girls: Is It Receiving the Necessary Attention? *Trauma Violence Abuse, 9*(3), 167-177. doi: 10.1177/1524838008319255

Kim, J. Y., & Lee, J. H. (2011). Factors Influencing Help-Seeking Behavior Among Battered Korean Women in Intimate Relationships. *Journal Of Interpersonal Violence, 26*(15), 2991-3012. doi: 10.1177/0886260510390946

Lehmann, P., Simmons, C. A., & Pillai, V. K. (2012). The Validation of the Checklist of Controlling Behaviors (CCB). *Violence Against Women, 18*(8), 913-933. doi: 10.1177/1077801212456522

Lindhorst, T., Oxford, M., & Gillmore, M. R. (2007). Longitudinal Effects of Domestic Violence on Employment and Welfare Outcomes. *Journal Of Interpersonal Violence, 22*(7), 812-828. doi: 10.1177/0886260507301477

Moe, A. M., & Bell, M. P. (2004). Abject Economics: The Effects of Battering and Violence on Women's work and Employability. *Violence Against Women, 10*(1), 29-55. doi: 10.1177/1077801203256016

Outlaw, M. (2009). No One Type of Intimate Partner Abuse: Exploring Physical and Non-Physical Abuse Among Intimate Partners. *Journal of Family Violence, 24*(3), 263-272. doi: 10.1007/s10896-009-9228-5

Postmus, J. L., Plummer, S.-B., McMahon, S., Murshid, N. S., & Kim, M. S. (2012). Understanding Economic Abuse in the Lives of Survivors. *Journal Of Interpersonal Violence, 27*(3), 411-430. doi: 10.1177/0886260511421669

Sanders, C. K. (2007). *Domestic Violence, Economic Abuse, and Implications of a Program for Building Economic Resources for Low-Income Women*. St. Louis: Center for Social Development, George Warren Brown School of Social Work, Washington University in St. Louis.

Tjaden, P., & Thoennes, N. (2000). *Full report of the prevalence, incidence, and consequences of violence against women: Findings from the National Violence Against Women Survey*. Washington, DC: National Institute of Justice and the Centers for Disease Control and Prevention.

Tolman, R. M. (1989). The development of a measure of psychological maltreatment of women by their male partners. *Violence and Victims, 4*(3), 159-177.

Weaver, T. L., Sanders, C. K., Campbell, C. L., & Schnabel, M. (2009). Development and Preliminary Psychometric Evaluation of the Domestic Violence-Related Financial Issues Scale (DV-FI). *Journal Of Interpersonal Violence, 24*(4), 569-585. doi: 10.1177/0886260508317176

Postmus, J. L. (2010). *Economic Empowerment of Domestic Violence Survivors*. Harrisburg, PA: VAWnet, a project of the National Resource Center on Domestic Violence. Available at: http://www.vawnet.org

Postumus, J. L., Plummer, S.-B., McMahon, S., & Zurla, K. A. (2012). *Financial Literacy: Building Economic Empowerment with Survivors of Violence*. J Fam Econ Iss (2013) 34:275-284. doi: 10.1007/s10834-012-9330-3

5

經濟弱勢家庭的資產累積
與社會工作

彭懷真、白琇璧

　　「社團法人中華民國幸福家庭促進協會」（以下簡稱本會）持續推動財務投入與社會工作有關的方案。源起是 2010 年原臺中縣推動大專青年築夢踏實方案，藉由方案提供 20 位低收入戶第二代參加。臺中縣市合併後，將脫貧計畫擴充至「兩代」，修正強化大專青年築夢踏實計畫名稱為「自立家庭築夢踏實計畫」（以下簡稱本方案），2011 年小規模試行，視成效逐年增加計畫實施對象，以協助臺中市低收入戶及中低收入戶自立脫貧。經過甄選，本會獲得臺中市承辦自立家庭築夢踏實計畫的機會，自此持續推動相關的方案。本章共分四部分，第一部分是說明如何建構強化弱勢家庭財務服務的平臺；第二部分解釋對於協助經濟弱勢家庭累積各類資產的做法；第三部分則根據實證資料說明方案內容及成效；第四部分簡述持續努力的前瞻性。

壹　建構強化財務服務的平臺

　　要使經濟弱勢家庭擁有好的財務素養／知能[1]（financial literacy），社會工作者扮演重要的角色。但是社會工作的專業訓練不是財務方面的，必須與金融機構有所合作。相對地，金融機構是存款借款的體系，並不充分瞭解經濟弱勢家庭，因此可以透過社會工作者擔任服務的平臺，又透過各種教育與訓練，強化這些家庭的財務素養／知能。換言之，培養強化經濟弱勢家庭的財務素養／知能，不僅是針對個別家庭提供培力與服務，也需要建構外在的制度，改變目前相關體制不夠友善的環境，有助於經濟弱勢家庭福祉的提高。

---

[1]　關於財務素養與財務知能的意涵，詳見本書第一章的討論。

一、定位——三種「平」

　　本方案從承辦開始就不停歇地推動並有些成效的關鍵因素，應該是定位、策略與工作方法的緊密結合。在定位是，本會的主要角色是「平臺」，執行希望做到「平衡」，以「平實」的態度，踏實執行每一個環節。在策略上，協會的努力是大量、持續的溝通；在工作方法上，本會透過聯席會議或各種形式的協調，使計畫持續推動。

　　很幸運地，本方案有穩定又樂於溝通的承辦社工，她們都有極大的耐心，對計畫的每一個環節持續與任務環境中的對象溝通，又能透過會議，使必須參與的成員都加入，讓各種問題盡快處理。各種合作，把政府、金融機構、非營利組織等的力量相加，又把政治力、經濟力、社會力相加。本會是平臺，或說是平臺的中心點，擔負以下責任：（一）個案管理：開案、訪視評估、社工處遇、追蹤輔導、記錄撰寫等；（二）人員招募：建立轉介管道、辦理說明會；（三）輔導穩定儲蓄；（四）辦理相關課程：主要是團體課程、成長教育課程；（五）輔導完成志願服務時數；（六）資源連結：如創業輔導（經濟部中小企業處）、就業協助（勞政單位）、醫療轉介（署立臺中醫院）、社會局暑期工讀案等；（七）行政事務：召開工作小組會議、辦理個案研討會暨聯繫會報、參與脫貧相關會議等（白琇璧、劉雅萍，2015）。

　　在經費方面，向臺中市政府、衛生福利部等官方機構申請經費，也向聯合勸募協會、紅心字會等民間組織爭取財務的支援，辦理自立家庭就業 homerun 方案、自立家庭生活支持方案等計畫。在與政府合作時，採用公私協力模式（Public-Private Partnerships, PPP），PPP 是政府與非營利組織共同合作提供社會福利服務的方式。各方資源以平等、分工、共享互惠的良性態度合作，彼此透過雙向溝通參與的方式，共同分擔責任（嚴秀雯，2001）。

二、與儲蓄互助協會緊密合作

　　Austin（2000）指出與企業的策略聯盟（strategic alliances）為非營利組織最重要的管理挑戰。找尋金融機構是難題，如何讓大型的金融機構加入本會與臺中市政府所搭建的服務機制呢？與金融機構打交道，是多數社工人不熟悉

的。但是，我們的服務對象，比我們更不知道該怎麼透過金融體系得到幫助，因此，總要有一些社工人願意出來做平臺。其實，金融機構也不大知道怎麼與低收入戶、身障者、身障者的家屬互動。而低收入戶、身障家戶也不是金融機構看重的客戶。這些年，金融體系漸漸知道要幫忙弱勢，但雙方的語言差距太大。總要有人願意幫忙縮小鴻溝，善於溝通的社工人可以做些事。

在本方案中，一開始就確定要透過儲蓄互助協會作為服務對象存款及貸款的單位，2012 年 1 月起正式啟動「臺中市政府自立家庭築夢踏實試辦計畫」。因此，本會持續與儲蓄互助協會合作。本方案負責人多次拜訪儲蓄互助協會的理事長、祕書長、行政組長等，與臺中各分社的負責幹部都有互動，本會也去該總會所辦的理監事研討會介紹本方案。至於儲蓄互助社的相關介紹將於第六章討論。

三、工作方法——有效的協調

有效的協調重點有二：建構完整橫向資源系統及密集召開內部工作會議。前者請見圖 5-1，後者請見圖 5-2。

關於圖 5-2，進一步說明執行情況。為順利推動、有效掌握個案情形，由臺中市政府社會救助科、中華民國儲蓄互助協會、與本會定期召開工作小組會議，針對執行業務以及輔導個案上面臨到的問題進行討論。剛開始時，每一季一次，然後兩個月一次，自 2015 年 5 月起每月召開一次。針對計畫執行以及個案問題進行討論，密集協商各種服務輸送的問題。通常市府由股長及承辦社工出席，儲蓄互助協會由組長及承辦專員出席，本會由副祕書長及所有承辦社工出席。有時救助科的科長、本會理事長也出席。

以某次會議為例，提案包括：1. 新個案加入。2. 舊個案結案。3. 有狀況個案的輔導及聯繫情況。4. 個案申請貸款事宜。5. 個案申請當月相對提撥金。有些原本只是個案，但為了幫助其他個案，在會議中也會做出可以成為通案的決議。每一年 8 月，該方案都接受評鑑，在評鑑前後，也會針對評鑑的準備、執行及後續改進，有所商討。

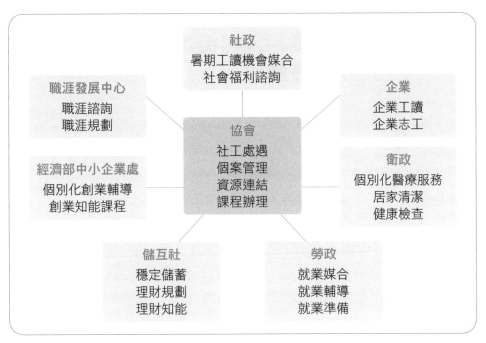

● 圖 5-1 建構完整橫向資源系統

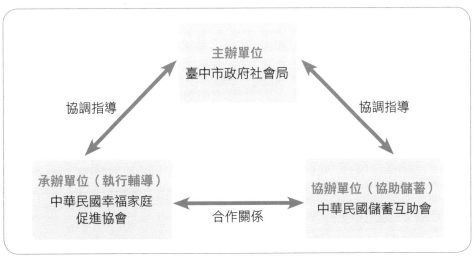

● 圖 5-2 合作單位關係圖

貳　資產累積、人力資本、社會資本與脫離貧窮

　　社會工作者投入協助經濟弱勢家庭，應該對家戶經濟有更多認識。Becker在名著《家庭論》（王文娟譯，1997）中的許多觀點，對於貧窮議題有獨到見解，是本方案的主要理論基礎。具體操作，則是透過 Sherraden（1991）的「個人發展帳戶」（Individual Development Accounts, IDAs）架構。

　　本方案希望強化弱勢家庭的財務素養／知能，包括兩大面向，一是財務資訊的辨識能力，一是財務處理的決策能力。重點是個人或家庭處理財務議題的獨立判斷能力，好的判斷能力在於充分解讀財務資訊，清楚個人或家庭的財務狀況及財務目標，並能在對的時間點，做出適合自己或家庭的財務決策（張素菁等人，2016）。

一、基礎金錢管理：家庭經濟學（family economics）

　　Becker（1993）認為家庭活動不僅是一種單純的消費活動，還是一種生產活動，任何生產行為都可以看成為了獲取產出而需要消耗各種投入的組合。為了獲得最大的滿足，家庭大量使用從市場上購買的各種消費性商品和家庭生產所需要的商品，又需投入各種資源。家庭勞務分工、財產分配、決策程序等都是家庭獨有的現象，例如婚姻、生育及子女數等，必然影響家庭的財務狀況。

　　在本方案中，盡可能考慮家庭經濟的各方面。以國民生產毛額（GNP）的公式分析，主要有=C+I+S+T，四大要項的意思是：家戶消費（consumption，以 C 來代表）；投資（investment，以 I 來代表）；儲蓄（saving，以 S 來代表）；繳稅（tax，以 T 來代表）。少消費、少繳稅、多投資、多儲蓄是增加個體 GNP 的主要策略。

　　本方案是以「家庭」為核心的脫貧模式，與其他縣市推行脫貧方案多以家戶裡個別成員為主不同，強調「兩代」。經由親子「兩代」協力脫貧策略，擴

展服務至參與家戶之其他成員，展現以家庭為本的精神，在輔導過程中，認定提升家戶成員財務管理素養才是對抗貧窮的關鍵。

二、穩定收入與儲蓄：資產累積

　　所謂資產包括：人力資本、社會資本與經濟資本的累積（詳見圖 5-3）。Becker（1994）認為人力資本（human capital）包括才幹、知識、技能、時間和健康等，是一種人格化的資本。工作性質和種類都影響人力資本的使用，人力資本基本上是私有的，如何使用取決於個人。人力資本生產率取決於擁有此種資本者的努力程度，適當而有效的刺激可以提高人力資本的使用效率。由於人力資本的價值是由人力資本的各項開支所構成，但是人力投資的成本計算除了實際費用支出外，還必須計算所放棄的收入，也就是「機會成本」。例如參加本方案的成員因為要來上課，而無法工作賺錢。將 Becker 的觀念落實到本方案，特別看重「增加人力資本」及「強化社會資本」，在目標樹之中（圖5-3），呈現具體的做法。

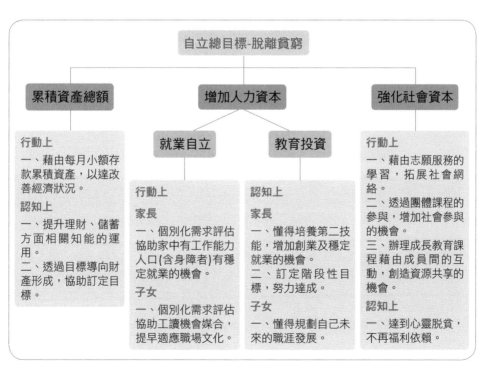

● 圖 5-3　方案目標樹

　　本方案期望在根本上一改過往以所得（income）、以消費作為福利界定的政策思考，嘗試透過儲蓄、資產累聚，進而產生自立的正向福利效果的做法。就業也是本方案所重視的部分，有工作能力者透過工作，也賺取薪資，也可取得儲蓄的誘因獎勵（彭懷真，2013）。Shipler 撰寫《窮忙》，探討無數人即使工作，還是持續貧窮（趙睿音譯，2016）。但本方案希望至少要做到「認真工作者，能優先脫離貧窮」的目標，所以本計畫的參與家戶有許多義務，包括儲蓄、上課、擔任志工等，更希望親代與子代都能實際工作。

　　資產累積福利（asset-based welfare）是本方案的基本概念。Sherraden（1991）提出「個人發展帳戶」，鼓勵個人自立、減除貧窮循環，並且透過公私協力、重新設計給付方式等做法，促進受助者參與，並帶來個人與家庭的改善（林萬億等人，2005）。本方案與中華民國儲蓄互助協會合作，藉重其自治互助的團體性質以及放款作業較金融機構簡化與彈性。重點是強化有形與無形資產累積，貧窮與錢脫離不了關係，各縣市積極推行的脫貧方案，多以「錢」為誘因所設計輔導措施，有形的資產累積（黃明玉，2016）。本會辦理資產累積方案，執行策略將「政府相對提撥款」作為各項資產累積之誘因，強化無形的人力資本及社會資本之提升，才可累積有形資產，認定有形資產與無形資產應當並重，不應將有形資產累積視為方案成效單一指標，才能更全面的協助參與的家庭。

 參　臺中市自立家庭築夢踏實計畫服務內容及成效

一、服務內容

（一）服務對象

服務對象以「中低收入戶」及「低收入戶」兩類家戶為主，參加者以戶為單位，每戶需有一名親代及一名子代（需為高中職以上在學子女）一同加入。子代鎖定在學子女，主要目的為規劃自我探索及職涯準備成長課程，另外結合政府部門、企業及民間單位提供工讀機會，提升就業前的學習競爭力以及職涯續航力。

（二）宣導及招募

透過多元化方式宣導本方案如架設本會臉書及官網、建立轉介管道、結合大型活動宣導，將有意願瞭解之民眾彙整相關基本資料，建立候補名單，辦理招募說明會邀請有意願及符合條件之民眾參加等。為了執行這個創新的方案，需對外界持續說明。本會與市政府都印製海報、說帖 DM，還利用 BRT 車站的空間展示。並透過不同場合，對相關團體及市府各區公所承辦人講解宣導。

（三）辦理方式

1. 輔導穩定儲蓄

採「個人發展帳戶策略」，每月穩定儲蓄，即可獲得臺中市政府社會局 1：1 的相對補助款（每戶每人每月最高 1,000 元相對提撥款），協助參與之親代與子代共同為家庭累積資產，輔導加入本計畫之家戶，遇生活急需時（創業、助學、生活），可運用儲蓄互助社資金，辦理小額低利貸款，以解決家庭

危機。自立方案基本上是「零存整付」，每一戶兩人每月將 2,000 元存入，政府相對提撥 2,000 元，三年後，開戶的家庭有 144,000 元。可以創業，可以做教育投資，甚至可以做購屋的頭筆款。儲蓄互助社裡有一定的機制給予協助，這些家戶有了「第一桶金」，雖然這桶很小，但能夠在專業協助下進行理財槓桿。儲蓄互助社不僅給予這些在其他金融機構裡不容易獲得資金的朋友得到貸款的機會，也在貸款過程中提供專業建議。

本方案採取目標導向「財產形成」機制，安排個別化諮詢如債務協商，協助參與家庭規劃短期家庭發展計畫。將個別成員的生涯規劃，透過家庭協商，以撰寫計畫書方式，訂定主要「自立」目標，如接受高等教育、創業、首購房屋等，目標導向的「財產形成」機制，能夠藉由累積人力及社會資本、就業安全，甚至能擁有不動產等方式，促成家庭經濟改善與對抗貧窮。

2. 增加人力資本

(1) 就業自立：參加本方案之親代及家中其他成員由社工評估有就業動機及就業能力（包含身心障礙者），轉介勞工局就業服務處及職業重建中心以獲得就業機會，而子代有工讀意願可獲得社會局及勞工局暑期打工的機會。本會亦積極開發企業單位釋放工讀機會，期待子代可透過工讀機會，提早適應職場文化及拓展人際關係網絡。一個暑期二個月工讀，至少可以有三萬多元的收入，子代有錢儲蓄，追求學習與技能，親代也儲蓄，增加生活機會，改善生活品質。

(2) 教育投資：透過成長教育課程規劃，培養參與本方案自立家庭成員累積人力資本，儲蓄就業能量。除了藉由儲蓄累積財產之外，並透過本會安排之成長教育課程，例如：理財規劃、現金流、保險認識等，加以檢視自我消費習慣、學習資產配置、投資工具認識、風險管理等，強化理財知能。

3. 強化社會資本

重點是積極輔導參加本方案成員提升自我能力、擴大社會參與及強化社會資本。方法是設法安排相關課程及做法，投入教育投資措施也是執行方案的核心重點，也提供許多社會參與的機會。在教育課程方面，自 2012-2016 年度，計辦理 173 場次，718 小時。自 2013 年度起，將參與式評估納入課程規劃，

邀請親代及子代成員參與課程規劃座談會共同投入。運用充權概念與成員共同回顧、檢討，一起擬定未來目標，依據成員需求調查辦理理財系列課程、創業知能課程、購屋需知課程、社會保險與商業保險課程、抒壓系列課程、手工藝系列、心靈成長等課程。本會也和儲蓄互助協會共同研商參與方案家庭所需的課程或訓練，並區分親代、子代課程，設計分別符合父母以及高中職以上子女的理財課程，建立家庭的理財經濟認知，也規劃親代與子代可共同參與現金流遊戲課程。

在創業知能及購屋需知課程方面，主題包括「如何撰寫創業計畫書」、「參訪公司」、「計畫書之分析」、「評估創業可行性」、「購屋需知篇」、「分析評估家戶購屋現況及可行性」。還邀請擁有創業成功及購屋經驗者分享，藉此激發角色認同並仿效學習，協助其完成初步夢想並提供接觸社會資源機會。此外安排社會保險與商業保險課程，避免自身的權益受損。

二、執行成效說明

（一）資產累積措施

1. 養成穩定儲蓄習慣

針對方案期滿之成員，提供追蹤輔導服務，透過臺中市自立家庭生活支持方案（本會向聯合勸募申請補助），瞭解 2012-2013 年度加入本方案之 27 戶方案家庭結案後，持續穩定儲蓄的情況。

2. 運用小額貸款解決家庭財務危機

在儲蓄互助協會設立個人發展帳戶有助於弱勢家庭累積信用資產，在遇生活急需時，可提供小額貸款，解決家庭財務危機，本會也追蹤 2012-2013 年度加入本方案 27 戶方案家庭貸款情形。

3. 強化家庭凝聚力

本會也鼓勵家戶中其他成員設立個人發展帳戶儲蓄，懂得掌握生活開銷，一同擬定家庭財務規劃書，強化家庭凝聚力，提升家庭生活品質。

（二）就業自立措施

2014-2016 年加入本方案之輔導戶數為 56 戶，經調查結果顯示，親代穩定就業 52 戶（92%），其中有 2 戶透過心理諮商輔導後自行找到工作，並穩定就業達三個月以上，僅 4 戶中因身體疾病而無法就業。弱勢家庭多半因經濟議題需承受龐大精神壓力，輔導過程中發現成員罹患身心症比例甚高，身心狀況不佳、就業不易及不穩定，需介入心理諮商輔導及配合穩定服藥，待身心狀況穩定並強化就業動機，才投入就業市場。另外建構橫向資源網絡，提供多元化就業管道，與公部門建立轉介機制，如勞工局就業服務處、勞工局身心障礙職業重建服務中心，本會亦與其他企業單位合作，可爭取短期或臨時性工作職缺。

（三）教育投資措施

分析弱勢家庭收入主要經濟來源，以政府補助最多，其次為自己的薪資，再其次為民間社福團體或慈善單位的補助。政府補助款為最穩定的經濟來源，後兩者常伴隨不穩定因素，如收入不穩定及條件不符則無法申請補助，造成家庭支出分配陷入困頓，最後走上借貸一途，延伸出高利貸、卡債、信用破產等債務問題，因此需要透過財務培力課程，檢視家庭財務缺口，提升財務素養／知能。

1. 財務盤點

本方案於開案時，透過會談進行財務現況瞭解，包含收入來源、儲蓄習慣、貸款狀況及用途（信貸、卡債、親友借貸、高利貸）及金錢運用習慣。財務盤點也有助於承辦社工掌握服務對象過去財務流動情形及安排未來處遇方向。

2. 提升財務決策能力

透過理財培力課程，檢視家庭財務缺口及金錢運用習慣，本會自 2013 年起納入「現金流」課程，邀請親代與子代或家中其他成員一同參與。現金流課程以遊戲方式進行，較能提升服務對象參與感，從遊戲中學習如何真正操作與規劃理財，也發現理財就是不論收入多寡，以規劃將錢守住，以錢滾錢的方式才

能累積財富。不同於過去理財或相關財務知識的學習方式，透過遊戲的方式，模擬真實人生可能遇到的理財問題，與其解決之道，又反省自己在投資理財上的觀念，屬於「體驗式教學」，對於沒有金錢使用樣貌的子代，幫助很大。

3. 強化資訊辨識能力

體驗式教學讓服務對象體驗金錢使用的情形，團體進行可發現與他人的差異，本會也安排如投資工具認識、金融市場趨勢等，以強化服務對象對於金融資訊辨識的能力。

（四）強化社會資本

邀請多元化、跨專業領域講師授課，如保險、金融、法律、醫療、教育、諮商，作為本方案不同專業領域之諮詢。

肆　前瞻與展望

一、建立追蹤輔導機制

自 2013 年度起至 2015 年 12 月底實際參與本方案，完成參加方案三年度之家戶，並設籍實際居住臺中市全區，於方案期滿後擬持續提供追蹤輔導之 17 戶家庭。為了提供服務延續性，本會向中華社會福利聯合勸募協會申請經費補助辦理追蹤輔導服務，使成員於離開計畫後一年內，仍能續得到生活關懷與支持、資源連結、人際網絡建立，以達經濟安全及生活穩定，避免再落入貧窮。在 2015 年底參與脫貧方案之成員共計 3 戶脫離福利身分成為一般戶，透過持續陪伴輔導一年，2016 年共計 5 戶脫離福利身分為一般戶。

二、發展追蹤輔導評估指標

（一）經濟安全

1. 透過每月電訪關懷案家之財務狀況

   (1) 瞭解是否持續穩定儲蓄及未穩定儲蓄之原因。

   (2) 瞭解貸款及還款狀況，含貸款用途及未能準時還款之原因（如向儲互社貸款之運用）。

   (3) 瞭解資產配置情況，是否入不敷出、如何開源節流。

   (4) 瞭解案家就業狀況，協助就業媒合。

2. 評估工具

   (1) 定期電訪瞭解狀況。

   (2) 撰寫個案記錄。

   (3) 評估案家需求，安排成長教育課程（如理財規劃、現金流等課程）。

（二）社會參與

1. 透過需求調查，進行課程規劃及活動安排，提升案家出席率及參與感

   (1) 定期電訪瞭解案家狀況，進行需求調查。

   (2) 透過設立 LINE 群組，建立良好溝通平臺。

   (3) 持續邀請成員參與本會辦理的相關活動。

2. 評估工具

   (1) 辦理課程或活動前進行問卷調查。

   (2) 課程或活動結束進行滿意度調查。

   (3) 統計成員參與課程及活動出席率。

   (4) 觀察成員參與課程及活動之狀況。

   (5) 電訪或訪談成員參與課程及活動後的心得或收穫，並記錄作為參考（質化）。

   (6) 透過 LINE 群組，瞭解成員間互動狀況。

（三）資源連結

1. 透過需求調查，進行相關資源連結
   (1) 定期電訪瞭解案家狀況，進行資源連結及資源整合（如就業媒合、心理諮商、醫療資源、身障資源）。
   (2) 透過 LINE，建立良好溝通平臺。
   (3) 非主動式引導。
2. 評估工具
   (1) 定期電訪瞭解狀況，撰寫個案記錄（瞭解資源使用情況，含正式及非正式資源）。
   (2) 轉介相關資源連結，進行後續追蹤服務（與相關轉介單位瞭解案家使用資源的情況）。

（四）生活關懷

1. 定期關懷案家生活狀況
   (1) 透過 LINE，建立良好溝通平臺。
   (2) 定期電訪瞭解案家狀況（親子溝通、夫妻關係、婆媳關係、生涯發展議題、同儕關係、感情議題）。
2. 評估工具
   (1) 定期電訪瞭解狀況，撰寫個案記錄。
   (2) 透過 LINE，及時瞭解成員狀況。

三、持續創新服務

　　本方案對參與的家戶已經產生實際成果，對本會的發展也具有豐富意義。生於印度、在美國與英國任教，又回到印度創辦商學院的管理學者哥夏爾（Sumantra Ghoshal），是跨越東西文化的學者，他提出「525 定律」，認為企業與組織年收入的 25% 應該是來自最近五年推出的新產品與方案。如此可促使大家設法產生新的構想並加以落實（汪芸譯，2005）。幸福家庭協會持續有新的方案，大約每年有四分之一是新推動的。

　　「自立脫貧方案」是創新方案，在臺中市沒有前例。創新通常要投入更多的時間、精神與智慧，對本會收入的幫助有限。但對於社工實務、學術研究，乃至擴大對服務對象的服務，都很有意義。因為不斷有新的挑戰，又可以累積各種寶貴的經驗。剛開始執行自立脫貧方案的前幾年，我們不斷聽到：「低收入家庭不可能脫貧」的聲音，包括學術界、政府官員乃至社工。其實，創新有助於實務驗證，也有助於機構經營。我們一方面實際推動，一方面深入研究，一方面可以增加協會的績效，還可以藉此培養新人，可說是一舉數得。

　　實際執行方案及撰寫論文可鼓勵更多人投入。本方案負責人也將此經驗撰寫學術論文〈透過多方合作，搭造對貧困與身障家庭的經濟社會協助平臺〉（彭懷真，2016），希望拋磚引玉，鼓舞更多社工組織投入。社工界不僅在乎收支等價格問題，更在乎價值。如果能感動一些金融業者多瞭解弱勢者的困境，多與社會工作團體合作，那就是最珍貴的價值了。因為有此平臺，減少金融機構、政府社會局承辦人的時間成本。

四、持續堅持理想

　　「德不孤，必有鄰」。由於推動這些方案，在超過三十場的說明會、演講、分享與報告之中，許多金融機構主動來拜訪。近年來，市政府及本會為了擴大服務，又考慮到原本方案的一些限制，已經接觸了其他金融機構，也針對方案的內容及改進有多次研討。中央政府的金管會、衛生福利部、內政部，地方政府如新北市政府、雲林縣政府等，也都以此方案與本會有所聯繫。學術界因為這方案的種種需求，接觸討論，進而相互支援。一些媒體的採訪報導，提高了方案的知名度，使更多有需要的人能夠獲得幫助。

　　最後分享一個經驗，某媒體資深記者來訪問，談話中對方說：「彭老師，你們的自立脫貧方案簡單說，不僅是社工方案，也是教育方案。」我認同她的看法，教育是我的本業，社工方案要能有效推動，教育是關鍵。透過這些方案，教育了方案參與者、相關工作者、社會大眾、本會的同仁，更教育了我。「改變來自信念，信念來自教育」，希望每一項服務兼顧社工與教育的平衡，也兼顧個人與社會環境的改變。

參・考・書・目

一、中文部分

王文娟（譯）（1997）。**家庭論**（原作者：Becker, Gary S.）。臺北市：立緒。

白琇璧、劉雅萍（2015）。**臺中市自立家庭築夢踏實計畫服務成效評估研究**。臺中市：中華民國幸福家庭促進協會。

汪芸（譯）（2005）。**大師論大師韓第解讀十三位管理大師**（原作者：Charles Handy）。臺北市：天下。

林萬億、孫健忠、鄭麗珍、王永慈（2005）。**自立脫貧操作手冊**。臺北市：內政部社會司。

彭懷真（2013）。**社會問題**。臺北市：洪葉。

彭懷真（2016）。**透過多方合作，搭造對貧困與身障家庭的經濟社會協助平臺**。發表於「社會正義與社會創新・多元發展的社會工作實務」學術研討會。

黃明玉（2016）。**社工員執行脫貧方案個案管理之探究：以服務女性戶長單親戶為例**（博士論文）。東海大學社會工作系，臺中市。

張素菁、邱淑芸、賴錦昌（2016）。**跨專業脫貧策略的可能**。發表於「金融社會工作發展的探索與應用」研討會。

趙睿音（譯）（2016）。**窮忙──我們這樣的年代**（原作者：Shipler, David K.）。臺北市：時報。

嚴秀雯（2001）。**政府與非營利組織夥伴關係之研究──以臺北市獨居老人照顧為例**（碩士論文）。國立臺北大學公共行政暨政策研究所，臺北市。

二、英文部分

Austin, James E.(2000). Nonprofit Management. *The collaboration challenge: how nonprofits and businesses succeed through strategic alliances*. Jossey-Bass.

Becker, Gary S. (1993). *A Treatise to the Family*. Harvard University Press.

Becker, Gary S. (1994). *Human Capital: A Theoretical and Empirical Analysis, With Special Reference to Education*. University of Chicago Press.

Sherraden, M. (1991). *Assets and the Poor: A New American Welfare Policy*. M.E. Sharpe, Inc.

6

儲蓄互助社、平民銀行與社會工作

張英陣

壹 貧窮與社會工作

　　社會工作專業起源於關心窮人，一百多年來社會工作專業在致力於改善貧窮問題的過程，確實對窮人的尊嚴與生活品質有實質的幫助。可是隨著社會環境的改變，縱使物質文明普遍提升，貧窮問題卻未因此而削減，反而有逐漸惡化的趨勢。在專業發展的過程中，不同取向的社會工作對於解決貧窮問題有不同的見解，慈善組織會社的傳統傾向從個人與家庭的角度解決貧窮，而睦鄰運動的傳統則著重於結構因素的改革（張英陣，2015；Monnickendam, Katz and Monnickendam, 2010）。面對當前日益惡化的貧窮問題，社會工作要採取何種工作模式來對抗貧窮呢？

　　社會的多數人或主流觀念如何看待貧窮的本質，將會影響政策與方案所採取的抗貧模式。雖然愛與正義是社會工作的傳統價值，但是社會工作面對當今的窮人還能堅持愛與正義的核心理念嗎？尤其是當前主流社會基本上是仇視窮人的，甚至將窮人妖魔化。主流的新自由主義意識形態將貧窮歸咎於個人的責任，而忽略了造成貧窮的結構性問題，以及嚴重的不公平問題。責備窮人與社會福利制度，確實比致力改善貧富懸殊的結構性問題容易多了（Handler and Hasenfeld, 2007）。

　　最近有一次與二十幾位從事社會救助的社工夥伴聚會，我請他們寫下對貧窮本質的看法。只有一位強烈表達貧窮是權力與階級不平等的問題，多數人則認為貧窮是窮人個人本身的條件太差、自身意願動機不強、不願意改變、缺乏金錢觀念等個人病態因素。也有許多社工認為當前的福利依賴相當嚴重，甚至「討厭」那些依賴福利、認為社工協助他是「理所當然」的案主。面對當前的貧窮問題，社工好像失去了愛與正義。但是少了愛與正義，社會工作又是什麼呢？會不會只剩解決問題的技術？會不會淪為資本主義的幫傭？或是成為社會控制的工具？

　　1993 年，當我在臺灣開始提倡低收入家庭的資產累積時，純粹是感受到低收入家庭的需要。經過了近二十年，終於有了平民銀行計畫，雖然心中的理想仍尚未完全實現。但我也開始思考，平民銀行計畫只是社會救助的一項相關業務，還是我們真的關愛窮人，願意額外為窮人多做些事以改善其生活品質？平民銀行計畫只是在彌補資本主義的漏洞，還是可以扭轉不公平而實踐社會正義呢？

貳　儲蓄互助社的理念與制度

　　貧窮是社會工作長久以來所關心的議題，19 世紀末葉社會工作專業的興起也是來自於濟貧工作。儲蓄互助社（Credit Unions）也同樣關心貧窮問題，19 世紀中葉儲蓄互助社在德國興起也是為了解決窮困農民的痛苦，早期的儲蓄互助社甚至聲稱是「窮人的銀行」。起源於 19 世紀的儲蓄互助社與社會工作專業都致力於抗貧，到了 21 世紀兩者卻也都慢慢喪失關心貧窮的初衷。難道是在儲蓄互助社運動與社會工作專業的努力下，已讓貧窮成為歷史的灰燼？顯然不是，雖然物質文明進步，多數人的物質生活比以往好很多，但是當今的貧窮問題不僅沒有終結，甚至有更惡化的趨勢。假如社會工作與儲蓄互助社逐漸失去對貧窮問題的關心，是不是也意味著當前的窮人不需要社會工作與儲蓄互助社呢？作者期待儲蓄互助社運動與社會工作能再度關切窮人，並能進一步合作抗貧。

一、儲蓄互助社的簡史

　　儲蓄互助社的興起深深受到 19 世紀合作經濟思想的影響，在工業發展的初期，貧富懸殊的問題一如當代社會，農民與低收入者的生活相當艱苦。雷發

巽（Friedrich Wilhelm Raiffeisen, 1818-1888）為了幫助貧窮的農民解決經濟問題，遂於 1849 年在德國南部，以「百姓有社會上與經濟上的問題需解決，最好的方式就是讓他們自己幫助自己」的理念，採用自助互助的原則，建立了第一個儲蓄互助社（中華民國儲蓄互助協會，2006）。19 世紀末，普遍流行於歐洲的合作經濟思想也逐漸傳播到北美大陸，儲蓄互助社首先傳到加拿大，後來美國儲蓄互助社的發展對往後國際的儲蓄互助社運動也產生重大的影響。美國的麻塞諸塞州於 1909 年第一個完成儲蓄互助社立法的工作，直到 1934 年美國國會通過聯邦儲蓄互助社法，對儲蓄互助社在美國各州的發展具有催化作用（胡志佳、陳介英，2008）。

　　從 19 世紀中葉起源於德國的儲蓄互助社，在進入 20 世紀後就發展成國際性的組織。截至 2015 年底止，全球六大洲共有 109 個國家總共有 60,645 家儲蓄互助社，全球社員有 222,798,027 人，資產達 1,824,668,066,849 美元。其中亞洲的儲蓄互助社最多計有 27,492 家，其次是非洲 21,040 家。個別國家是以斯里蘭卡擁有 8,423 家最多，其次是美國有 6,100 家，非洲的肯亞有 5,769 家，坦尚尼亞有 5,559 家，衣索比亞 5,500 家（World Council of Credit Unions, 2016）。由於儲蓄互助社運動已成為國際性運動，1971 年以美國為主的儲蓄互助社國際部結合了世界各國的儲蓄互助社，共同組成世界儲蓄互助社議事會（World Council of Credit Union, WOCCU），總共有來自 89 個國家的 108 個會員組織。世界儲蓄互助社議事會的主要任務是提供技術與財務輔導、立法指導及支持、教育及管理等，以確保儲蓄互助社的健全發展。議事會為了與國際的合作運動合作，於 1977 年成為國際合作聯盟（International Cooperative Alliance, ICA）的會員（胡志佳、陳介英，2008）。

　　亞洲地區的儲蓄互助社始於 1960 年代，1963 年天主教于斌樞機主教開始在臺灣倡導儲蓄互助社的理念。1964 年 8 月新竹聖心社正式成立，成為臺灣的第一家儲蓄互助社。1964 年于斌樞機主教發起中國儲蓄互助運動協會以自助互助之方式，推廣儲蓄互助社、合作運動、社區發展、互助及衛生教等工作，之後儲蓄互助社逐漸在臺灣各地發展，但其間也曾遭遇政府的質疑而限制儲蓄互助社的設立。1982 年中華民國儲蓄互助協會成立，繼續推動儲蓄互助

社運動及立法的工作，1997 年《儲蓄互助社法》通過，臺灣的儲蓄互助社發展正式納入基層金融體系（中華民國儲蓄互助協會，2006；胡志佳、陳介英，2008）。臺灣目前儲蓄互助社共有 340 社，社員數達 21 萬 5,180 人。我國儲蓄互助社的中央主管機關在內政部，地方政府的主管機關大都在縣市政府社會局（處），僅有南投縣政府是在財政處。

二、儲蓄互助社的使命與運作機制

儲蓄互助社是由一群具有共同關係的自然人及非營利組織法人所組成的非營利社團法人。這種自發性的互助合作團體，以改善社員生活、增進社員福利、促進社區發展為目的。儲蓄互助社的經營原則包含民主結構、服務社員與社會目標（中華民國儲蓄互助協會，2006）。

（一）民主結構

基於平等互助的理念，儲蓄互助社的社員是自願性入社，凡是具有共同關係的人，願意承擔共同責任及共享服務者，不分種族、國籍、性別、宗教與政治信仰的差異均可成為社員。臺灣儲蓄互助社初期的共同關係主要是建立在天主教與基督教長老教會的教友關係，慢慢將關係延伸至社區與職場，在國外則有大學校園的儲蓄互助社及專業組織的儲蓄互助社（例如蘇格蘭志願性組織聯盟）。社員在社內的認股或貸款不論多寡，都享有一人一票的投票權，並可共同參與社務的決策。被選任的幹部皆為志願服務職，不得支領薪酬。

（二）服務社員

儲蓄互助社雖是基層金融組織，但更重視的是人性發展與同胞之愛的精神，其目標是服務社員，不是為了營利，關心的是社員的經濟生活與社會福祉。儲蓄互助社主要的服務包括：收受社員股金、為社員設備轉金帳戶、社員放款、互助基金服務、代理收受社員的各種收付款項（水電費、瓦斯費、學費、電話費、稅金、罰鍰）、參與社區營造發展社區型產業等（中華民國儲蓄互助協會，2015）。

（三）社會目標

儲蓄互助社對社員、幹部、職員及一般民眾就其經濟、社會、民主與自助互助的原則積極推動教育。鼓勵勤儉儲蓄與明智的貸款，以及教育社員的權利與義務，鼓勵社員發揮志願服務的精神參與社務及社區服務。儲蓄互助社兼具在地性與國際性，不僅關心在地的社區發展，同時也積極參與國際性的合作組織。

許多臺灣的民眾一聽到儲蓄互助社就會聯想到互助會（標會），因而心生畏懼。其實互助會（標會）的初衷與儲蓄互助社一樣，都是一種自助互助的結合，都需要建立在人與人的互信（社會資本）之上。只可惜倒會的風氣，破壞了人的信任關係，也讓人對互助會（標會）聞之色變。但是儲蓄互助社是經過立法，具有相當程度的政府規範與儲蓄互助社的自律機制，逾期貸款在所難免，但不至於影響多數社員的權益。雖然儲蓄互助社是一種金融機構，但也和商業性的銀行以及普遍大家使用的郵政儲金有所差異。

▣ 表 6-1 儲蓄互助社與其他金融機構的差異

	儲蓄互助社	商業銀行	其他微型金融
結構	社員共同擁有的非營利合作金融組織，是社員志願性儲蓄的股金所建立。	由股東所擁有的營利組織。	透過外在貸款、贊助或投資所成立的組織。
服務對象	主要是服務享有共同關係的社員，像是社區居民、職場員工、教會的教友等。但也服務廣泛的民眾，特別是窮人。	主要是服務中產階級與有錢人。	主要針對同一社區的低收入者，特別是婦女。

	儲蓄互助社	商業銀行	其他微型金融
治理	社員自己選舉義務職的理監事，每位社員一人一票。	股東投票選任支薪董事，投票權種依據擁有股份的多寡而定。	被指派的董監事或支薪員工經營管理。
獲利	社員獲得低利率與高股息。	股東獲得多數的利潤。	以獲利建立儲備金或投資者分紅。
產品與服務	完整的財務服務，包含認股、貸款、保險及代收各種付款服務。	完整的財務服務及投資機會。	著重微型信用。但有些提供儲蓄及代收付款業務。

資料來源：World Council of Credit Unions (2016). *2015 Statistical Report*. Retrieved from http://www.woccu.org/documents/2015_Statistical_Report_WOCCU.

參　儲蓄互助社與平民銀行計畫

　　社會工作與儲蓄互助社都和貧窮問題與抗貧有密切關係，一個是解決貧窮問題的專業，一個則是解決貧窮問題的社會運動與制度。可是臺灣的社會工作與儲蓄互助社像是兩條平行線，長期以來沒有太多交集。雖然儲蓄互助社在地方政府的主管機關絕大多數是直轄市與縣（市）政府的社會局（處），可是多數的社會行政人員與社會工作者對儲蓄互助社的認識相當有限。反觀，儲蓄互助社曾號稱是「窮人的銀行」，五十年前在臺灣發展的初期，社員多數是經濟弱勢者。但隨著臺灣的經濟發展，目前社員中屬於經濟弱勢的窮人之比例偏低，也缺乏與社會工作界合作服務窮人的方案。直到 2009 年，中華民國儲蓄

互助協會開始推動「儲蓄互助結合非營利組織推動脫貧策略實驗計畫」，接著2012年臺中市政府的「自立家庭築夢踏實試辦計畫」有20人在儲蓄互助社開立發展帳戶，以及2012年內政部的「儲蓄互助培力：平民銀行試行計畫」（簡稱「平民銀行計畫」），開啟了儲蓄互助社與社會工作協力解決貧窮問題的第一步。但是幾年下來，由於雙方的認識不足而且互信也不夠，社會工作與儲蓄互助社運動的關係仍是若即若離。

臺灣各縣市政府所推動的資產累積脫貧方案屬於短期方案，無法像薛若登（Michael Sherraden）所提倡的長期性且是終身的資產累積，以儲蓄互助社推展資產累積方案應能彌補此缺憾，早在臺北市政府與高雄市政府最初規劃時，曾經試圖結合儲蓄互助社推動，但因當時地方政府對儲蓄互助社的瞭解與信任有限，且儲蓄互助社對經濟弱勢者的資產形成方案的認識也不足，因而喪失了契機（張英陣，2014b）。以下將簡介以儲蓄互助社推動資產累積脫貧方案的過程。

一、儲蓄互助社結合非營利組織推動脫貧策略實驗計畫

2010年中華民國儲蓄互助協會研擬了「儲蓄互助社結合非營利組織推動脫貧策略實驗方案」2年期計畫，由臺中地區社福機構社工推薦18人（戶）參與方案，成為儲蓄互助社的社員，提供服務項目有1：1的儲蓄配合款，每個月儲蓄補助上限是1,000元，團體互助基金B計畫保障及貸款利息補貼，其中多數是單親媽媽，以臺中市基督教青年會（YMCA）所推薦的創業媽媽烘培工作坊之戶數最多，總計累積資產81萬9,077元（其中38萬為1：1的相對提撥款），貸款有8人11筆，貸款金額達197萬1,500元（含生活救助、助學及創業用途）。

二、內政部儲蓄互助培力：平民銀行實驗方案

2012年7月內政部社會司提出「儲蓄互助培力：平民銀行」的具體實驗方案，與中華民國儲蓄互助協會合作結合臺中、彰化及南投等縣市政府與非營利組織，執行為期1年半的弱勢家庭資產累積試行計畫。為強化照顧經濟弱勢

者，增加社會安全網，取法有「窮人銀行家」之稱的孟加拉經濟學者尤努斯所創立的「鄉村銀行」精神，以微型貸款概念，協助不符一般銀行貸款資格的經濟弱勢者，從養成「儲蓄」習慣，累積個人信用，取得貸款以改善生活，同時培養就業能力與建立人際關係，訂定「平民銀行」試行計畫。

此計畫參與者為有工作意願之原住民族、新住民、中低收入戶、單親或經濟弱勢者，每戶以 1 人為原則。試行地區為臺中、南投、彰化等區域外，也接受有意願共同參與之直轄市、縣（市）政府亦列為實驗區域。由區域內具備社會工作專業人力之公、私部門相關單位推薦，推薦單位在方案執行期間應有專業社工共同陪伴方案參與者，並將進入本方案之受推薦者建立個案檔案提供必要之諮詢。

中華民國儲蓄互助協會於承辦本計畫時，依「內政部合作事業補助作業要點」政策性補助規定提出申請，補助項目如下：

1. 個人帳戶相對補助：每人每月儲蓄對等補助最高新臺幣 1,000 元，最少 500 元，若未按月儲蓄累計達 3 個月時，取消繼續參加資格，已存股金，由個人自行決定續存或於退社領回。對等補助款項於計畫結束後起算 5 年內退社，僅能退還自存部分，對等提撥部分留存該承辦社列為「應付代收款-平民銀行專款」科目，作為本計畫專用款項，報准後始得以支用，計畫結束後結餘款繳回內政部。

2. 團體互助基金補助：每人具有 10 萬元壽險、20 萬元意外險及意外醫療之微型保險保障。

3. 微型貸款及利息補貼：生活型（含助學貸款）每次最多新臺幣 10 萬元，至多以申貸 3 次為限；創業型最多新臺幣 30 萬元，以 1 次為限。上述均補貼年息 3% 之利息，貸款期限及利率依儲蓄互助社放款規定辦理。

4. 年度辦理參與者團體輔導、培力課程及座談會等 24 小時、志願服務工作服務 30 小時。

第一階段 1 年半的試辦計畫至 2013 年底有 13 個社福機構推薦至 14 個儲蓄互助社共有 54 人（戶）經濟弱勢家庭參與，其中女性佔 48 位，資產累積達

152 萬 4,867 元，貸款有 19 人 24 筆（其中改善生活 11 筆、教育投資 10 筆、生產創業 3 筆），貸款金額達 149 萬 7,000 元，培力發展座談、會議及宣導活動共 1,207 人次，協助參與者創業產品行銷金額達 32 萬 2,185 元。

　　第二階段實驗方案於 2014 年啟動，內政部延續平民銀行試行計畫為 3 年期中期實驗方案，並將方案實驗範圍從原來中、彰、投地區擴大至桃園、嘉義、臺南及屏東等地區，至 2014 年底有 45 個社福機構推薦至 33 個儲蓄互助社共有 126 人（戶）經濟弱勢家庭參與，其中女性佔 109 位，資產累積達 356 萬 4,709 元，貸款有 29 人 54 筆（其中改善生活 36 筆、教育投資 15 筆、生產創業 3 筆），貸款金額達 274 萬 5,600 元，培力發展座談、會議及宣導活動共 1,855 人次。截至 2015 年 7 月底止，共有 154 人（戶）經濟弱勢家庭參與，其中女性佔 134 位，資產累積達 482 萬餘元，貸款有 40 人 82 筆，貸款金額達新臺幣 489 萬餘元。綜合平民銀行短、中期的實施計畫，證明了政府確實有注意到儲蓄互助社協助經濟弱勢家庭的成果，也正式開啟我國儲蓄互助社推動以資產為基礎的脫貧計畫。

三、臺中市自立家庭築夢踏實計畫

　　2011 年臺中市政顧問諮詢會議中，市政顧問亦針對脫貧方案提出建議，認為對於現行針對低收入戶家庭第二代所推動的大專青年築夢踏實方案立意良好，但是對於家庭發展影響最大的往往是第一代，脫貧方案應協助第一代建立自立的觀念，才能逐步脫離貧窮與對福利的依賴。基於上述原因，將脫貧計畫擴充至整個家庭，修正大專青年逐夢踏實計畫名稱為「自立家庭築夢踏實計畫」，本方案總體策略參考「生計金融」的概念，設計符合臺灣社會條件的計畫，投入財力資本、人力資本、社會資本及希望工程，以家庭為中心，以社會工作為服務媒介，藉由社會工作人員陪伴與輔導，連結自立家庭所需之資源，並確保家庭內成員能培養自立的能力。由於方案涉及跨專業之整合，目前規劃以逐年、逐步擴展的方式進行，第一階段在 2011 年試行社會工作服務模式，第二階段於 2012 年起再加入財力資本、人力資本、社會資本，以及希望工程等資源。

　　計畫分為兩部分，首先委託民間社福單位辦理社會工作服務：擬定工作計畫，透過公開招標方式委託民間社福單位辦理人員招募、計畫說明會、個案輔導、研習課程規劃與執行等。招募對象為當年度設籍並實際居住本市，具低收入戶三款以及中低收入戶家庭。（家庭內 35 歲至 60 歲中壯年人口群者為第一代，青年人口群 20 歲以上之大專青年為第二代）2012 年 10 戶兩代 20 人、2013 年 27 戶兩代 54 人、2014 年 44 戶兩代 88 人。之後透過中華民國儲蓄互助會及臺中市各儲蓄互助社辦理發展帳戶，參加計畫成員發展帳戶之相對提撥補助款由市府負擔，補助中華民國儲蓄互助會以股金方式提撥至成員儲戶社股金帳戶。有關「臺中市自立家庭築夢踏實計畫」的詳細內容與成果請參閱本書第五章。

四、落實至各縣市政府結合儲蓄互助社推動資產累積方案

　　按 2014 年 12 月內政部召開「儲蓄互助培力：平民銀行實驗方案」總檢討會議結論，2015 年起平民銀行實驗方案之聯繫會報、座談會暨培力課程、志願服務項目應由各縣市政府社會救助單位分工負擔部分計畫之執行，經費由本身業務費或衛生福利部支持。2016 年起規劃由中華民國儲蓄互助協會暨所屬區會及儲蓄互助社負責發展帳戶、參與個案部分培力及志願服務項目，地方縣市政府比照 2015 年的運作模式，目前已有桃園市政府、臺中市政府及彰化縣政府發展出屬於地方特色之結合儲蓄互助社資產脫貧方案計畫。

　　透過儲蓄互助社推展資產累積脫貧方案具有和其他縣市政府脫貧方案相同之處，如兼顧儲蓄、教育等多元的方案目標，但也有其優勢特殊性，例如長期性的資產累積、社會融合的功能和跨組織的合作以滿足參與者的多元需求（謝秀玉，2011；陳麗珍，2012；張英陣，2014b）。

肆　社會工作者在資產累積計畫中的角色

　　從社會工作專業的起源至今，不論在哪個服務領域，社會工作服務對象的共通問題便是經濟弱勢。而社會工作的興起也正是為了解決貧窮問題，因此協助窮人家庭做好理財規劃是早期社會工作的重要工作。可是近年來的社會工作在邁向專業化的過程中，似乎越來越忽視弱勢家庭的理財規劃，即使是從事社會救助的社會工作者也大都傾向社會救助資格審查、社會救助申請或連結社會資源。資產累積方案的執行，再度讓社會工作者重新審視如何協助經濟弱勢家庭做理財規劃，而且在這個協助過程中也要展現社會工作「人在環境中」的專業特色，從上述平民銀行的運作，我們可從幾個面向來思考社會工作者的角色。

一、微視面

　　社會工作者在微視面的角色可以強化服務使用者的能力，以及強化社會工作者本身對資產累積方案與儲蓄互助社操作的態度與知能。

（一）服務使用者的能力建設

　　作者從 1993 年開始推動低收入戶家庭的資產累積方案時，最常被挑戰的問題是低收入戶是否有能力累積資產？當時不少人用「生吃都不夠了，哪能留著曬乾？」這句臺語來質疑我。甚至不少低收入戶也覺得自己的家庭都幾乎入不敷出，不可能有儲蓄。事實上，當我們在談資產累積時應兼顧有形資產與無形資產。「希望」本身就是一項重要的無形資產，社會工作者不僅要給予服務使用者希望，也要培養服務使用者的自信。因此，社會工作者應培養服務使用者人力資本、財力資本、社會資本等多元的能力。

（二）理財規劃與社會工作

　　經濟資源越少者越需要善加理財，對經濟弱勢家庭的理財規劃並不在於找尋更多投資契機以創造利潤，而是善加利用金錢以維繫家庭長期的穩定。因此，從事社會救助的社會工作者應重新認識家庭理財在社會工作實務的重要性，社會工作者不僅是協助經濟弱勢家庭申請救助金以及連結社會資源，更重要的是和經濟弱勢家庭共同討論家庭的財務規劃，例如如何透過就業或創業增加家庭的收入，如何做好預算開源節流，如何適當儲蓄以應付家庭的經濟危機，並改善未來的生活等。

（三）瞭解資產累積計畫的意義

　　資產累積計畫所謂的資產通常包含有形資產與無形資產，這兩種類型的資產是相輔相成的。因此，社會工作者協助經濟弱勢家庭資產累積時，不能僅是著重累積有形的財力資本，同時要協助服務對象累積無形的人力資本與社會資本。此外，不論是財力資本、人力資本或社會資本的累積都不是靠短期投資就能建立，因此社會工作者在推動資產累積方案時，更應該具備長期的眼光。

（四）瞭解儲蓄互助社的運作

　　資產累積的運作機制雖然可以透過商業銀行或政府自行設立帳戶，但從長期的角度來看，非營利的儲蓄互助社還是比較適當的管道，因為透過儲蓄互助社的機制，即使在政府的資產累積方案結束之後，服務使用者仍可持續成為儲蓄互助社的社員，運用儲蓄互助社所提供的儲蓄與貸款服務。《儲蓄互助社法》雖然是社政法規，絕大多數的縣市政府社會局（處）是儲蓄互助的主管機關，但多數的社會工作者並不認識儲蓄互助社的理念及其運作機制，自然難成為提供處遇服務的一種資源。而儲蓄互助社的起源與理念，與社會工作的專業價值相當契合，因此社會工作者若要協助經濟弱勢家庭累積資產，應可深入瞭解儲蓄互助社的運作。

二、中介面

社會工作者在中介面的實務主要是扮演連結的角色，對機構倡導資產累積方案的意義，同時結合社會福利機構與儲蓄互助社，並透過志工督導的角色協助參與者投資人力與社會資本。

（一）對機構倡導資產累積計畫

薛若登（Sherraden, 1991）之所以提倡低收入戶的資產累積計畫，主要是認為資產所產生的福利效果大於所得的效果。可是傳統的社會救助方案仍是以所得為基礎，雖然在《社會救助法》中有脫貧自立方案，以及近來所提的兒童少年未來發展帳戶，但仍有不少公、私立機構對資產累積方案不熟悉。而且資產累積方案不僅是社會救助方案，也可以是婦女、身心障礙與兒少服務機構的發展性方案。社會工作者在瞭解資產累積方案的意義之後，若能認同資產所產生的福利效果較大，則應向機構的社工夥伴、督導及主管倡導，將資產累積方案納入機構的服務體系。

（二）連結機構與儲蓄互助社

前面提及臺灣的儲蓄互助社與社會工作機構長久以來就像兩條平行線，英國的情況也類似。儲蓄互助社向來關注自己的內部發展，缺乏與其他機構連繫；而近來的社會工作著重於微視面的案主個人行為與認知的改變，缺乏真正的社區工作與政策倡導。因此，絕大多數社會工作者對儲蓄互助社所知有限（Drakeford and Gregory, 2008）。而且經濟弱勢家庭往往被主流的金融機構所排除，所以經濟弱者能否獲得金融財務服務已成為社會工作所關切的政策與實務議題（Birkenmaier and Tyuse, 2005）。在實務工作中，也常有經濟弱勢家庭遭遇緊急財務危機而走投無路之情形。因此，社會工作者可以將社福機構與儲蓄互助社連結，讓機構知道社區中有儲蓄互助社的資源存在，不論機構的服務對象是否是低收入戶，都可將機構的服務方案與儲蓄互助社合作。

（三）連結志願服務資源

鼓勵經濟弱勢者投入志願服務，在資產累積方案中不僅是希望參與者投資橋接式社會資本（bridging social capital）與連結式社會資本（linking social capital），同時也是透過志願服務肯定個人存在與生命的價值。可是不少經濟弱勢者的生命經驗中較少參與正式的志願服務，而且對於服務管道的資訊也相對有限。社會工作者的角色不應只是讓參與者知道投入志願服務是加入資產累積方案的基本要求，更要積極教育參與者使其瞭解參與志願服務的意義，並主動瞭解參與者的興趣和專長，除了自己的機構之外，亦可連結其他機構的服務機會，同時也要擔負起志工督導的角色。避免讓參與者只是為了完成服務時數而投入志願服務，而是從志願服務中學習，以獲得人力與社會資本。

三、巨視面

社會工作者在巨視層面應檢視社會大環境對資產累積方案的影響，並進而從社會制度改革提升經濟弱勢家庭的福祉。自從 1980 及 1990 年代開始，新自由主義是主導全球經濟、政治與社會發展的意識形態。但新自由主義的核心理念與社會工作的價值有很大的衝突，社會工作者應試圖抗拒新自由主義的迷思。再者，也應從稅制與社會福利的改革縮減貧富差距。

（一）抗拒新自由主義的迷思

雖然物質文明比以往進步，但經濟弱勢家庭的生活更加艱辛，其中主要原因是貧富懸殊擴大。特別是 1990 年以後的新自由主義所造成社會的兩極化（polarization）與貧窮化（pauperization）（Amin, 2004），因而加速了貧富差距，尤其是社會中最富有的頂層與收入的底層的差距持續惡化中（Dauderstädt and Keltek, 2017）。而我們年輕一代的社會工作者成長在新自由主義的環境下，不免存在經濟發展優先以及涓滴理論[1]（trickle-down theory）的迷思，更有不少人接受新自由主義關於福利依賴的論述。如果社會工作者無法抗拒新自

---

[1]　該理論認為政府改善經濟，最終會使社會中貧困家庭的經濟狀況也得到改善。

由主義的迷思，則會更加重經濟弱勢家庭的個人與家庭責任，就更難以對抗不斷惡化的貧富懸殊（張英陣，2014a）。因此，社會工作者應找回「社會」的面向，不只是強調服務使用者個人的心理充權與復原力，更應著重社會結構造成貧窮與不公平的原因。我們應該響應社會工作的「讓巨視發揮影響力運動❷」（Make Macro Matter Movement），再度重視社會工作強調社區工作與政策倡導的傳統（Hanesworth, 2017）。

（二）支持激進的稅制與社會福利政策

當今經濟弱勢家庭的困苦肇因於貧富懸殊，欲從政策面解決此問題通常仰賴課稅與社會福利，而臺灣社會福利對所得重分配的效果遠大於課稅。1980年之後，英美兩國大幅降低所得稅的累進程度，是造成所得不均的重要原因（Piketty, 2014），在撙節政策下社會福利的預算緊縮更加重不公平的惡化。社會福利的主要財源來自稅收，社會工作者應關注稅收的議題，積極倡議政府應提升高所得的累進稅率，並加重資本稅與消費稅，不僅可增加社會福利的財源，更能提高課稅的所得重分配效果。此外，在社會政策中的健康照顧、教育、住宅與福利服務都與經濟弱勢家庭的人力資本與財力資本有密切關聯。當前臺灣除了全民健康保險制度之外，住宅、兒童托育與托老服務大量仰賴市場供給，而高等教育也越來越商業化，這使得經濟弱勢家庭更沒有能力獲得適當的照顧服務、住宅與教育，甚至比中上階層花更高的所得比例支付這些成本。社會工作者應倡議政府積極介入社會住宅、兒童托育、托老及教育的供給，以降低市場的影響力。

---

❷ 此運動是由美國社區組織與社會行政協會（ACOSA）於 2013 年發起，希望社工界可以重視巨視面的實務工作，而非過度偏重微視面的服務。

伍　結語

　　與臺灣其他資產脫貧方案相比，平民銀行計畫更符合薛若登倡導資產形成政策的精神，除了儲蓄與理財教育之外，更多了融資的管道、長期性累積資產的潛力與更具有社會融合的功能。雖然有上述的優勢，平民銀行計畫也不是沒有困境，像是在執行期間適逢中央政府改組，儲蓄互助社的主管機關仍是內政部，但是脫貧計畫的主管機關則歸屬衛生福利部，使平民銀行計畫涉及更複雜的部會協調問題；而參與者對於公益服務與教育訓練課程的認知與參與程度亦有待提升；而平民銀行計畫的資格消失後，參與者是否會繼續留在儲蓄互助社做長期性的資產累積？多數儲蓄互助社的幹部是否願意接納經濟弱勢者成為社員？平民銀行參與者實質上有哪些獲益？這諸多問題仍有待持續瞭解與克服。

　　儲蓄互助社雖然無法預防貧窮，至少可以幫助窮人應付緊急的經濟危機，也可促進窮人長期的社會參與。而且儲蓄互助社是一種社區型的非營利組織，它不僅是一個金融組織，更是一個社區發展組織。在美國與英國已經有運用儲蓄互助社促進弱勢社區發展的先例，況且也認為儲蓄互助社在累積個人財力資本、充權和促進社會參與等方面有所成效，是值得被社會工作所採用的工具。只是臺灣的儲蓄互助社在推展平民銀行計畫時，仍是著重經濟弱勢者的個人處遇，未能發揮整體社區發展的優勢。儲蓄互助社也和社會工作一樣面臨新自由主義的滲透，如何突破個人化協助經濟弱勢者，更落實社區發展與民主治理，仍是儲蓄互助社運動當前的挑戰。

　　社會工作可稱為是一種關懷專業（caring profession），簡單地說，關懷就是願意為案主額外（extra）多做一點。身為一名社會工作者，依法行政與遵守工作程序這種義務論的倫理原則，只是社會工作者的基本底線。社會工作者更應該具備德行的倫理，也就是要有「明智」（prudence）或「實踐智慧」（phronesis）的德行，將每一次的臨床診斷與處遇都視為是一種倫理抉擇，抉

擇的判斷基準不在於法規與程序，而是在於為服務對象提供最佳的處遇。美國詩人佛洛斯特（Robert Frost, 1874-1963）在〈人煙稀少的道路〉（The Road Not Taken）這首詩的最後兩句寫道：「我踏上乏人問津的那條路，也展開截然不同的人生。」面對貧窮問題，社會工作者若敢冒險選擇宏觀的取向與運用儲蓄互助社這條乏人問津的道路，應該會讓窮人的生活截然不同吧！

依據平民銀行計畫的實施經驗，我們認為結合儲蓄互助社運動與社會工作專業協助經濟弱勢家庭脫貧的方向是正確的，走這條人煙稀少的路相信會對經濟弱勢家庭的生活有所改善。可是走在這條乏人問津的路上，卻也讓人感到寂寞、甚至有些惶恐，我們也懷疑該如何繼續走下一步。雖然平民銀行計畫參與者在資產、人力與社會關係的成長是我們最大的支柱，可是我們仍面臨下一步該如何走下去的疑惑。

社會工作專業的主要服務對象是經濟弱勢者，面對全球貧富懸殊的共通問題，社會工作者該如何實踐社會正義的使命？除了推薦服務對象參與資產累積方案之外，社會工作者又該如何協助經濟弱勢者促進其財務融入？社會工作者在平民銀行計畫中該扮演哪些角色？社會工作者應該具備哪些德行才足以協助經濟弱勢者追求幸福（eudaimonia）？

參·考·書·目

一、中文部分

中民國儲蓄互助協會（2006）。**儲蓄互助社手冊：儲蓄互助社業務指南**。臺中市：中民國儲蓄互助協會。

中民國儲蓄互助協會（2015）。**儲蓄互助社：法規彙編**。臺中市：中民國儲蓄互助協會。

胡志佳、陳介英（2008）。**中華民國儲蓄互助社運動發展史**。臺中市：中民國儲蓄互助協會。

張英陣（2014a）。「後」現代李爾王。**社會政策與社會工作學刊**，**18(1)**，45-88。

張英陣（2014b）。再論儲蓄互助社與經濟弱勢家庭的資產累積。合作經濟，**122**，16-31。

張英陣（2015）。貧窮、儲蓄互助社與社會工作：平民銀行計畫的省思。社區發展季刊，**151**，66-76。

陳麗珍（2012）。**高雄市脫貧方案關鍵成功因素之研究**（碩士論文）。高雄師範大學成人教育研究所，高雄市。

謝秀玉（2011）。**從政策擴散觀點檢視我國資產累積脫貧方案之發展與實施**（碩士論文）。中正大學社會福利學系暨研究所，嘉義縣。

二、英文部分

Amin, S. (2004). *The Liberal Virus: Permanent War and the Americanization of the World*. New York: Monthly Review Press.

Birkenmaier, J. and S. W. Tyuse (2005). Affordable Financial Services and Credit for the Poor: The Foundation of Asset Building. *Journal of Community Practice*, *13*(1), 69-85.

Dauderstädt, M. and C. Keltek (2017). *Inequality in Europe: Relatively Stable, Absolutely Alarming*. Berlin: International Policy Analysis.

Drakeford, M. and L. Gregory (2008). Anti-Poverty Practice and the Changing World of Credit Unions: New Tools for Social Workers. *Practice: Social Work in Action*, *20*(3), 141-150.

Handler, J. F. and Y. Hasenfeld (2007). *Blame Welfare: Ignore Poverty and Inequality*. New York: Cambridge University Press.

Hanesworth, C. (2017). Neoliberalism Influence on American Higher Education and the Consequences for Social Work Programmes. *Critical and Radical Social Work*, *5*(1), 41-57.

Monnickendam, M., Ch. Katz and M. S. Monnickendam (2010). Social Workers Serving Poor Clients: Perceptions of Poverty and Service Policy. *British Journal of Social Work*, *40*, 911-927.

Piketty, T. (2014). *Capital in the Twenty-First Century*. Cambridge, MA: The Belknap Press of Harvard University Press.

Sherraden, M. (1991). *Assets and the Poor: A New American Welfare Policy*. New York: M.E. Sharpe.

World Council of Credit Unions (2016). *2015 Statistical Report*. Retrieved from http://www.woccu.org/documents/2015_Statistical_Report_WOCCU. Retrieved on 2017/06/03.

chapter

7

新住民的資產累積
與社會工作

王月君、張美茹

壹　前言

　　在臺灣，「外籍配偶」又稱「新移民」或「新住民」，係指與本國國民婚配而居臺灣者（蕭秀玲，2014：267）。根據內政部 2017 年 4 月底的統計，我國外籍配偶已逾 52.4 萬，已佔臺灣總人口數的 2%，其子女總數達 35 萬 3,879 人（含外籍與大陸配偶所生子女數），再加上其配偶的人口數，與新住民有關的人口總數推估約近 137 萬，佔臺灣總人口數的 5.8%（王月君，2015）。不但改變臺灣社會的人口與家庭結構，近年更成為政府施政的重點，開啟新住民服務工作的契機。

　　財團法人台北市賽珍珠基金會（以下簡稱本會）於 2013 年針對經濟弱勢新住民完成 200 份問卷調查發現，64%為單薪家庭，72%個人月收入低於二萬元，58%家庭月收入低於三萬元，63%的家中有兩位以上未滿 18 歲的孩子，可見經濟壓力相當沈重，其中 76%的受訪者雖已來臺十一年以上，仍身處經濟弱勢之中（蕭秀玲、徐心裴，2013）。而在對本會服務的中低收新住民女性的服務需求調查中，發現新住民女性最想上課的四個主題，其中一個便是「家庭財務管理」，其他尚有「瞭解孩子的想法」、「情緒抒解與放鬆」與「家庭溝通」（人際溝通）（洪敏萍，2013）。

　　因此本會從 2012 年獲得企業型基金會贊助，共同發展「新移民女性金融理財培力發展行動計畫」，開發「新移民媽媽的幸福帳本」一系列課程，提供基礎財金教育與記帳之課程予中低收新住民女性，協助她們瞭解臺灣的金融環境與運作，以建立正確的理財觀念，並運用在生活中，藉以培養在有限資源下，做妥善規劃與運用的能力，進而透過小額儲蓄累積財富的方式，建置資產而達到脫離貧困的目的（蕭秀玲、徐心裴、王月君，2014）。

貳　新住民成為潛在金融排除的主因

根據 2008 年歐盟執行委員會在「金融服務提供與金融排除預防」（Financial Services Provision and Prevention of Financial Exclusion）的報告中，表示「金融排除」（financial exclusion）就是人們在主流市場中，當他們在取得或使用金融服務或商品的過程中，遭遇到困難，這些無法順利接近或使用這些金融服務或商品的人們，就成為被金融服務體系排除在外的對象。

造成金融排除的成因極為複雜，有可能來自提供金融商品的主流市場，也有可能是使用者本身的財務素養／知能[1]（financial literacy）不足所造成，這與使用者的語言能力、文化背景、教育程度、使用科技的能力、地理環境，甚至經濟能力有關（European Committee, 2008）。以下將從新住民自身的語言能力、文化背景、教育程度與在臺的家庭環境，及所遇到的金融體系與就業障礙等面向，探究新住民在使用金融服務與商品的經驗中，被金融排除的可能性。

一、語言上的限制

根據「新移民女性金融理財培力發展行動專案」在 2012 年進行新住民女性焦點團體，發現因為語言或習慣問題，大多數的參與者表示不會細看或看帳單明細，通常收到帳單就付款，所以不清楚自己花費在哪裡，帳單有誤也不曉得。又因為語言能力問題，以致看不懂保單內容或金融產品的合約內容（例如基金等），所以容易受騙或因此喪失權益。

---

[1]　關於財務素養與財務知能的意涵，詳見本書第一章的討論。

二、新住民的文化背景與教育程度的限制

在辦理「新移民金融理財培力課程」時，發現課程帶領人需花較多的時間解釋何謂「預算」的概念，因大部分的新住民來自經濟發展程度較不發達及金融產品較不普遍的國家，所以對財金的概念非常薄弱。又根據經濟合作暨發展組織（Organization for Economic Co-operation and Development, OECD）研究顯示（2005），教育程度越高者其擁有的金融知識越豐富。而根據 2013 年外籍與大陸配偶生活需求調查報告表示，外籍與大陸配偶其原屬國教育程度以國（初）中、高中（職）等程度居多。

三、家中經濟權力的限制

早期新住民受到「買來的外籍新娘」等汙名化的結果，導致夫家對新住民的不信任，害怕她們有錢就會逃跑或把錢寄回母國，所以夫家很少讓新住民掌管家中經濟（鐘重發，2004），此結果與本會的研究結果相似，在雙親家庭中有 80%的夫家掌管經濟大權（王月君，2015），此導致新住民使用金融服務與商品的機會相對減少。

四、居留身分與金融體系的限制

根據《國籍法》外籍配偶在臺合法居留持續三年以上（內政部，2006），及《兩岸人民關係條例》大陸配偶來臺定居至少六年以上（陸委會，2015），使得申請歸化中華民國，在此之前為外僑居留證。根據銀行內規，持有居留證在臺居住的外籍配偶或外籍人士，在向銀行申請貸款或辦理信用卡時，會被要求提供一位臺籍保證人，始能順利辦理貸款或信用卡等相關業務。對單親新住民家庭而言，要找到一位臺籍保證人有困難，以致無法使用貸款或辦理信用卡等金融服務。銀行對持有居留證之人的印象為居無定所，害怕後續會找不到人還錢，因此銀行為避免麻煩，在外籍配偶取得中華民國身分證之前，都會以委婉的態度，拒絕受理他們使用金融商品或服務。

五、工作權利的限制

為加強照顧新住民之工作權利，內政部移民署於 2011 年 9 月 16 日起（移民署，2011：1），在外籍配偶及大陸配偶的居留證上加註「持證人工作不須申請工作許可」字樣，以保障他們在臺求職、工作權利。但由於外籍與大陸配偶，受語言能力限制或是母國學歷採認等問題，使其無法找到合適的工作，而大部分從事幫傭、擺地攤或自行開店等方式來貼補家用，或接受較低工資等較無保障的就業環境（許崇賓，2009），例如：沒有勞工保險，如此就不會有薪資證明，然而薪資證明是與銀行建立個人信用一個很重要的方式。若沒有良好的個人信用累積，將很容易被銀行拒絕使用其提供的相關金融商品或服務。

從以上新住民實際在生活中，遇到使用金融服務與商品被拒絕的情況來看，其確實很容易成為被金融排除的族群。而被金融排除的族群，也易成為被社會排除的族群，進而陷入貧窮的困境（European Committee, 2008）。這也是本會積極推動「新移民女性金融理財培力發展行動計畫」的主因，一方面培養新住民婦女的財務素養／知能，另一方面也協助其瞭解臺灣的金融體系。

參　「新移民女性金融理財培力發展行動計畫」方案簡介

本會自 2012 年此方案開始之初，即透過對新住民做 200 份問卷調查、6 次的新住民焦點團體、1 次新住民服務相關組織代表之焦點團體等一系列的需求評估，瞭解新住民女性在財金知識及行為方面的現況及需求。更透過 6 次的顧問諮詢會議，邀請 8 位在社會工作、財金教育、保險、多元文化、成人教育等相關領域之專家學者，根據焦點團體及問卷調查結果，規劃課程及發展編撰教材，而開發出一系列的多國語版（中、英、越、印尼、泰）教材與課程，包

括：「新移民幸福理財家」教課書 10 本，及一系列的帶狀財金課程「新移民媽媽的幸福帳本」與「記帳樂」等兩大主軸。而後來設立的「新移民的幸福帳本—金融理財教育數位學習網」（賽珍珠基金會，2015），讓無暇上實體課程的新住民，可以透過線上自學財金知識。

以下將從課程目標、教學策略、課程設計要領、課程架構與教學方法介紹本專案的核心價值。

一、課程目標

從知識、態度到金融行為的改變：本專案是以提供財金知識、培養正確的金融態度，最後促成金融行為改變為宗旨。提供財金與記帳之相關課程（知識）予中低收新住民女性，協助她們瞭解臺灣的金融環境與運作（知識），以建立正確的理財觀念（態度），並運用於實際生活中（行為），藉此培養新住民女性在可運用的有限資源下，將財務資源做妥善的規劃與運用（態度），進而透過小額儲蓄累積其財富之方式（行為），循序漸進建置其資產（行為），最終達到改善經濟狀況的目的。

二、教學策略

將夢想化成目標並具體行動：根據 2012 亞太財金教育高峰會（2012 Citi-FT Financial Education Summit）表示，財務素養／知能從知識、態度及行為三方面建構。最基礎的財金課程，包含開戶與儲蓄。而使用金錢的態度更是財金教育是否成功的重要依據，例如：學員對金融機構運作的信任。態度的改變，將會影響未來決策，因此即使現階段無法達成儲蓄目標，也足以達到財金教育之目的。以下為有效促使金融行為改變的財金教育，需包含的元素（王宛琪，2012）：

（一）設定夢想

Ron Bevacqua（2012）以其親身實際推廣財金教育方法的經驗，依循以下步驟進行（圖 7-1）：

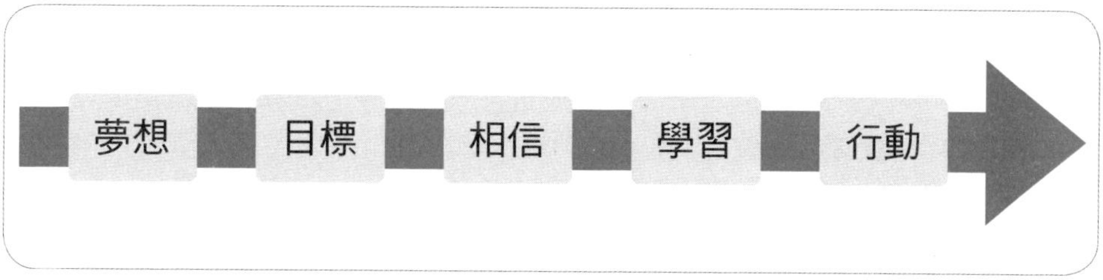

● 圖 7-1 財金教育學習步驟

　　先有夢想、再設立目標、相信自己能達到、進而學習並展開行動。幫學員編織自己的夢想非常重要，因許多持續無資產狀況已久的人，早已不再懷抱夢想，因此缺乏改變的動力，寧願永遠保持現況。夢想是飄渺的，因此下一步就是讓夢想實際化，設定一步步明確目標，同時加強學員信念，讓她們相信這個目標並不困難且自己能夠達到。接著才有辦法進入課程學習，以及課後實踐的行動。

（二）設定儲蓄計畫與未來連結

　　讓學員看見明確目標，增加存錢的踏實感與動力。除了設定儲蓄金額目標與用途外，即加入個人金融規劃目標，用第一年目標、第二年目標⋯⋯持續漸進的目標設定，提升儲蓄金額與難度，讓學員將儲蓄與未來規劃產生連結，獲得成就感與夢想，更瞭解未來確實可以從現在開始改變！例如：一位中低收入戶學員，在最後一堂未來規劃的課表示：「我只剩下九年，就可存到買房的頭期款，我就有屬於自己的家了。」

（三）微型儲蓄（Micro-saving）

　　經濟弱勢族群，在資產極少的情況下，微型儲蓄的概念極為重要。儘管一次只存一點小錢，存了一年依然是筆可以運用的資金外，同時也能培養儲蓄習慣，以及增強真的能成功存到錢的信念。

（四）課程的內容設計必須與個人的生活經驗連結，對學員才實用

成人教育最好從實驗性出發，她們喜歡應用課堂所學，加入實習作業或回家作業，讓她們確實練習課堂教授的能力與技巧，同時提供指導與諮詢，以達到最佳學習成效。例如：新住民有時會有匯款回母國的需求，教導她們跨國匯款所需的基本知識與技能，例如看得懂匯率高低、匯差、手續費等，即能幫助有效管理金錢。

（五）家人與同儕團體的支持與參與

家人的支持對於學員進行財金教育或儲蓄計畫十分重要，這影響她們能否擁有持之以恆的動力及決心。若家人能一同參與財金教育，家庭內部容易產生互相監督、聯手改善現況的學習動力。同儕團體也適用於上述論點，課堂中可以利用分組的方式，透過小組作業，增進組員感情，產生同儕彼此幫忙、經驗分享、一同成長的正向力量。

（六）各式獎勵提升學習動力

開發和課程主題相關且具有實用性的贈品，例如記帳本、計算機等，用主題圖樣與系列商品打造課程的整體性，引導學員對課程產生歸屬感，同時也提升參與的意願。

三、課程設計要領、課程架構與教學方法

綜合上述教學策略，及新住民姊妹的特性：(1) 來自不同的國家，其文化背景不同。(2) 中文聽說的能力普遍優於讀寫，透過語音、圖像或影像等方式比較容易吸收知識。(3) 社會支持網絡，除配偶外，就是同鄉的同事與朋友最重要（移民署，2013）等三個特性，發展出以下的課程設計要領（圖 7-2）、課程架構（圖 7-3）、教學方法（圖 7-4）（徐心裴、王月君，2013）。

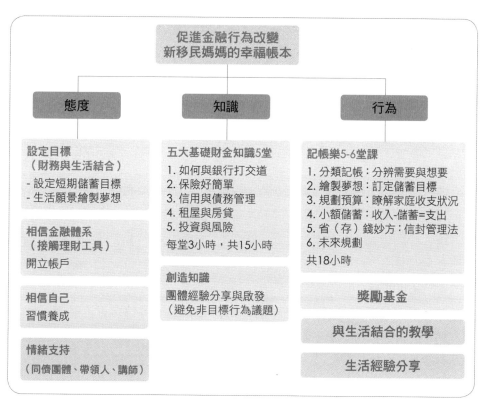

降低語言隔閡
- 易懂且生動的活動教案
- 以圖形為主，減少文字上的使用
- 具有通譯資格的帶領人（所以只要新住民能聽得懂中文及會說中文即可參加此方案）

強化個人知能
- 支持網絡的建立
- 讓學習者有發表個人意見的舞臺
- 促進自我覺察→團體帶領討論

多元文化
- 連結學習者的經驗
- 分享活動的設計→開發多語版記帳本

● 圖 7-2 課程設計要領

促進金融行為改變
新移民媽媽的幸福帳本

態度　　　　知識　　　　行為

設定目標
（財務與生活結合）
- 設定短期儲蓄目標
- 生活願景繪製夢想

相信金融體系
（接觸理財工具）
開立帳戶

相信自己
習慣養成

情緒支持
（同儕團體、帶領人、講師）

五大基礎財金知識5堂
1. 如何與銀行打交道
2. 保險好簡單
3. 信用與債務管理
4. 租屋與房貸
5. 投資與風險
每堂3小時，共15小時

創造知識
團體經驗分享與啟發
（避免非目標行為議題）

記帳樂5-6堂課
1. 分類記帳：分辨需要與想要
2. 繪製夢想：訂定儲蓄目標
3. 規劃預算：瞭解家庭收支狀況
4. 小額儲蓄：收入-儲蓄=支出
5. 省（存）錢妙方：信封管理法
6. 未來規劃
共18小時

獎勵基金

與生活結合的教學

生活經驗分享

● 圖 7-3 課程架構

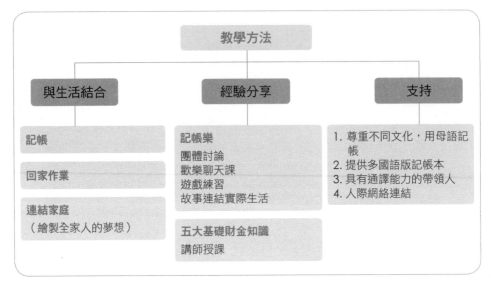

● 圖 7-4 教學方法

肆 「新移民媽媽的幸福帳本」金融理財培力課程

　　根據以上的課程架構（圖 7-3），規劃出六堂的「記帳樂」課程共 18 小時，每次上課 3 小時，及五堂的「五大基礎財金教育課程」，每次一主題，每一主題 3 小時，共 15 小時。兩系列課程結合一起就是「新移民媽媽的幸福帳本」金融理財培力課程。

　　本計畫自 2012 年起開始辦理第一期實驗性財金課程，為期長達七個月，首月為全體學員共同一起上 17 小時的財金課程，內容包含五大基礎財金課程：基本之銀行業務（儲蓄與匯兌）、保險觀念、租屋與買房、信用及債務管理及投資工具與風險管理等。而後的六個月由金融輔導員每兩星期做一對一的家訪或電訪，陪伴其記帳並輔導規劃運用獎勵金實現圓夢計畫外，期間每兩個

月所有的輔導員與學員會有團體聚會一次，彼此分享記帳的心得與將財金知識運用在生活的實踐，新住民姊妹與金融輔導員各 36 位參加，半年後結業人數達 33 位，結業率高達 91%。此模式雖然達成方案設計之初的成效，出席時數達上課總時數 80% 以上、持續記帳長達三個月以上及持續存錢及增加儲蓄金額達 20% 等三個行為改變的指標，但此課程卻耗費極大的人力與時間成本（長達七個月之久），不易將財金知識促使金融行為改變的課程，快速大量地複製並向新住民族群推廣，且輔導員一對一的陪伴，反而減少學員與學員間彼此互動建立社會網絡的機會。

　　第二期將較專業的財金知識內容簡化為新住民常會遇到的財金問題，例如：新住民習慣存活存與購買儲蓄險或願意為小孩投保，卻忽略自身為經濟支柱者的保險重要性、遇到問題不知向銀行或保險公司爭取自身的理賠權益、及如何建立信用，協助有債務的學員理債等，並將一對一的輔導員陪伴改成現行的「記帳樂」團體帶領課程，以 8 到 15 位學員為一組，每組搭配一位主帶領人與一位副帶領人。

　　由主帶領人帶領學員討論與生活相關的金融議題，例如：瞭解自己使用金錢的習慣，讓學員彼此透過討論產生更多的互動與學習。副帶領人負責記錄學員在課堂上的分享記錄，作為觀察學員從一開始上課到往後三個月在行為上的變化。另上課期間縮短為三到四個月，共 6 次課 18 小時。每堂記帳課程的設計，依養成記帳習慣所需的間隔時間，作為上課的週期，前兩次學習如何記帳，需要較密集的上課，每兩星期上一次，學會如何記帳後改為每四星期上一次，此時除追蹤每月的記帳成果外，已非常瞭解每月開支，而開始學習規劃每月的預算，持續進行兩個月後，即養成記帳與儲蓄習慣。若每班總人數介於 25 到 30 人，即分成 2 組，安排 4 位帶領人輔導，外加 15 小時的財金課程，讓累積的資產，可以搭配理財工具，依適合自己的方式做財務上的靈活運用。由於本專案贊助之企業型基金會重視利益迴避原則，規定學員應避免到該企業購買在課程中所提及的任何金融商品種類，以避免有商業利益之嫌。由於成效顯著，截至 2017 年 5 月底已在全臺各地推廣，至今開辦完成 55 期，結業學員近 829 位。

　　本課程學員的出席率高達 80%以上，吸引學員能夠持續完成三到五個月課程的原因包括（王月君，2015）：（一）大部分的學員反映上課很開心，且上課內容很實用且生活化，很容易就可在生活中實踐。（二）獎勵制度的提供，每位學員 1,600 到 2,000 元不等的圓夢禮物，鼓勵姊妹們能夠持續參加並且實際完成每天每月的記帳作業。（三）察覺記帳的好處，發現記帳可以掌控金錢的去向，什麼該花什麼不該花，如此就可省到錢，進而存到錢。（四）營造一個友善不批評且充滿信任與支持的學習氛圍，帶領人在帶領學員分享時，首要原則就是不批評他人的用錢觀念，以開放包容的心態，接受每位學員使用金錢的方式，並透過集點制度鼓勵每位學員分享自己使用金錢的狀況或自己親身的經驗或對事情的想法，讓學員在輕鬆沒有壓力的環境下分享，並且學習傾聽及尊重其他學員的看法。（五）小團體討論，讓每位學員都有機會分享自己的經驗，藉此讓學員有機會展現自己的能力且被肯定，透過互相鼓勵與學習，讓被壓抑的潛能能夠發揮。

　　（六）建立新住民姊妹在臺灣的社會支持網絡，學員來自不同的國籍，透過團體討論，使學員彼此更熟悉且互相鼓勵學習，因而結交到許多的朋友，讓自己的生活更多元。（七）繪製夢想引發學員對未來的憧憬，進而用未來規劃將夢想化作實際具體可達成的行動，促使學員一步一步不斷往前努力，成為改變的動力。（八）上課內容，不帶有任何商業行為與訊息，因此受到學員的信任。加上帶領人有問必答的親切態度，使學員樂於與帶領人討論在生活中實際遇到的財金問題，進而協助學員解答其財金問題。（九）帶領人的態度，強調每個人的財務經濟狀況不同，要根據自己的財務狀況與現階段的能力，做財務的自我檢視千萬不要跟別人比較，促使學員間不因財務狀況的不同而有比較心態，使學員間彼此有良好的互動。（十）提供多語版的教材，用自己的母語記帳，具有雙語能力的帶領人。

伍 「新移民媽媽的幸福帳本」成效重點說明

依據本專案原先設定之專案目標為促使個人的金融行為改變，即提升個人財務管理的能力，以下乃透過「金融知識、態度與行為改變之上課前與上課後之問卷調查」及上課兩個月後的焦點團體訪談追蹤，所得出之結果（王月君，2015），發現在：(1) 養成記帳習慣、(2) 規劃每月預算、(3) 上課後開始能夠儲蓄等金融行為改變上有顯著進步，且這些行為是在上課的過程中，漸漸養成，屬於立即型的行動改變。

對學員本身的影響包括：學會長期的金融行動規劃、自我成長、人際溝通能力提升、就業更穩定與社會參與機會增加。對家庭的影響包括：姊妹們上完課後普遍與家人的關係變好。在單親家庭，由於新住民受限其中文能力，因此會請孩子協助記帳，進而增進親子的互動與關係；在雙親家庭中，一目瞭然的記帳本，贏得配偶與公公婆婆等親人的信任，進而獲得更多管理家中財務的自主權與共同參與權，提升新住民在家中的地位。

陸 社會工作實務能力運用

在賽珍珠基金會跨文化社會工作的服務經驗中，新住民家庭面對經濟困境衝擊時，除連結社會資源緩解經濟壓力外，我們也希望找到更好的方法協助新住民家庭面對未來經濟困境，以降低經濟問題對家庭的衝擊。「新移民媽媽的幸福帳本」專案就是以跨文化社會工作實務基礎，運用優勢觀點與團體工作方

法、進行新住民金融理財培力，並藉由社會工作實務研究來檢視服務成效、修訂金融理財培力的實務工作模式。

　　自 2012 年一對一的「金融理財培力」課程轉變至今日，由兩位帶領人（主帶領人、副帶領人）帶領 8 到 15 位學員、六次小團體工作模式的教育性支持團體進行「新移民媽媽的幸福帳本-記帳樂」，帶領學員從知識、態度、行為上持續學習、持續培養財務素養／知能，以作為輔助經濟問題處遇的工作方法。團體學員從參與團體課程過程中，學習對理財有正確的認知、對錢有感覺、做出適合自己的選擇與理財規劃，進而及早因應未來生活的財務風險。

　　「記帳樂」小團體課程融合以下社會工作實務方法與觀點進行規劃與執行，以下介紹說明。

一、團體工作

（一）支持性成長團體

　　具教育性質的支持成長團體，團體帶領人需協助引導、帶領團體學員營造安全、信任的團體工作場域，讓團體學員逐漸放心、安心於團體中討論生活裡面對種種隱私、敏感的經濟議題。團體初期，帶領學員建立團體守密約定有助於學員對團體的認同與信任。團體進行期間（團體發展期），循團體歷程進展、記帳樂課程教案規劃有整體學員、個別學員、分組學員的討論議題，也將返家作業、短期與中長期財務規劃等主題（如：圓夢計畫）納入學習作業中，鼓勵學員在團體課程中練習財務規劃、運用口語表達自己的想法並與其他學員分享與回饋。藉此，帶領人可瞭解學員學習、理解情形，藉由母語文字的記帳練習與中文口語表達，除了能讓團體學員慢慢運用與掌握雙語能力，對其他學員說明、分享自己的想法與做法亦有助於增強學員自信心；而與其他學員間互相回饋、一同腦力激盪找到更多、更好節流開源的理財方法，學員的努力也能獲得彼此肯定。團體學員多是不諳中文的外籍新住民，即使大陸籍新住民也因為慣用語、金融環境、背景文化、生活習慣、教育養成歷程的不同，對課程學習的反應與融入團體的歷程也會有所不同。

　　參與團體課程初期，學員多顯露對口語表達較為生澀、害羞、不知道如何參與團體的情形；學員融入團體歷程後，帶領人會藉由團體活動設計與教案規劃，促進學員有機會練習記帳、整理與表達自己的想法、彼此分享與回饋，此過程對於新住民融入團體與在地生活亦有所幫助；隨著團體發展與學員參與程度的變化，學員會慢慢覺察、發現自己與家庭所面對的財務問題、依個別所處情境找到可行性較高、貼近實際需求且務實的因應之道；當學員學習掌握、瞭解自己對「理財、理生活」的核心能力後，多數學員會轉變成更主動、更積極學習培養財務素養／知能，為自己定下的圓夢目標及預防未來經濟衝擊而努力。由於團體學員多是來自不同語言、文化背景、教育程度的新住民，團體帶領者需關注學員的理解與參與情形，團體過程中，如能融合運用文化資源（如：具多語能力或多元文化實務工作經驗的帶領人、熟悉雙語的團體學員或志工、多語的課程教材或名詞對照表）將有助於學員融入團體歷程。

（二）異質性團體有助於團體學員互相激勵

　　大部分團體學員都來自不同經濟條件、家庭結構、個人特質等，團體學員異質性高、團體學員特質較多樣化，有助於帶領人運用團體動力、引導與促進學員間互動，產生彼此激勵的效果。團體過程中，帶領人如有機會促進學員述說不一樣的生命經驗、交流生活智慧，學員間將能獲得理解、互相支持與鼓勵的力量。此外，團體學員中如有正能量特質者，帶領人可促進該學員適當分享生命經驗與智慧、以及成功達成目標的經驗，這樣的分享與交流，有助於讓面對長期居於經濟弱勢困境、覺得改變未來難如登天的學員，更願意相信：只要有意願嘗試改變、調整認知、採取行動，就有機會不再受困於經濟弱勢的僵局與泥沼中，而找到翻轉未來的力量！團體歷程中，如能促進學員建立「只要願意嘗試，就會有改變的機會」的信念，並從短期目標的達成到中、長期目標達成的漸進式過程中，讓學員感受到成就感、對自我努力的肯定，對團體學員來說是十分重要的歷程。

二、跨文化社會工作

（一）尊重個別差異

每位學員面對經濟困境與內外在因應經濟困境能運用的資源均不同，團體領導者（主帶領人、副帶領人）於團體課程帶領過程中，除關注團體學員的整體互動、回饋外，也會觀察、注意每位學員的個別需求。如：每位學員學習與理解能力、語言文化、自我價值感與自信及學員面對的經濟困境、在家中地位與掌握資源程度不同等，談及家中財務的隱私、參與討論的程度也會不同，團體領導者需視學員個別差異，於團體進行期間關注學員個別化需求，尋求適當時機與學員個別討論與溝通，以協助每一位學員克服其面對的經濟困境。

（二）重視多元文化溝通，運用文化資源增進有效溝通

運用文化資源，如：培力具備雙語或多語能力，或具備多元文化實務工作經驗之帶領人；團體歷程中，也可運用多語版之教材、設計多元溝通方式的活動（如：繪製夢想，以繪圖表達自己的夢想），提升帶領人與學員間有效的溝通、減少因語言文字所造成的學習屏障，也能促進學員的學習效果。

三、金融理財培力

「記帳樂」是整個專案最基本、也是最重要進行金融理財培力的過程。藉由記帳、建立預算概念、分析生活開銷、發現理財問題癥結、選擇以節流或開源方式積極面對問題，以培養更多元的財務素養／知能。團體工作過程中，除持續記帳、分析、管理金錢流向，帶領人亦會運用「圓夢計畫」的課程設計，協助學員規劃理財短期與中長期目標，引導學員思考財務規劃目標、逐步以行動力為自己達成圓夢計畫。「圓夢」的行動過程，帶領人會逐步引導學員累積成功經驗與信心，逐夢過程對學員而言是步步踏實、越來越有信心；藉由這種財務素養／知能培力的行動過程，學員會從有意願嘗試改變、到相信自己有能力改變與肯定自己的改變，而這也是整個專案最基本的核心價值與意義。

四、優勢觀點

財金培力過程中，帶領人藉由活動或小遊戲引導學員思考、發掘其個別優勢；我們相信每個人都具有學習、成長、改變的潛能，也鼓勵學員勇敢表達自己的想法、做出適合自己的選擇、用行動為自己圓夢。

五、社會工作實務研究

實務工作與研究並進，從參與本專案課程開始前、課程結束後、課程結束兩個月與兩年後，就「財務素養／知能」之培力過程與後續成效（如：態度、行為改變是否在課程結束後仍持續維持）進行實務研究，以瞭解本專案對學員的服務成效，並藉以修訂專案執行方式，希冀讓學員學習到的方法有效運用在生活中。

柒　結論

推動新住民金融理財培力專案至今已逾五年，從工作人員知能增進、課程研發、帶領人培力到服務展開，每一個階段都面臨不同的挑戰。熟悉服務經濟弱勢個案的我們，面對不熟悉的「財金教育議題」課程研發是我們面臨的首要挑戰。

而為了讓服務觸及更多新住民、增加受益對象與地區，讓這套服務能有系統地、有效地幫助更多人，也讓更多人認識這套課程，課程展開前，我們需一一拜訪機構、介紹服務內容，希望能找到有意願、有服務共識的合作組織；接著要面臨的就是與合作組織一起努力招募到上課的學員，藉由各地、在地的社區服務組織公告與傳遞課程資訊、於服務過程中媒合有意願上課的學員，招生過程中，我們也曾遇到有組織願意開課但招生不足仍無法開班的困境，大部

分能順利參與的新住民婦女仍以曾參與合作組織課程與活動、或其服務個案居多，此外亦有從網路媒體（網頁、臉書、LINE 等）、朋友口耳相傳得知課程訊息主動報名的參與者；再者，如何讓學員願意上完整套課程而不致中途流失，也是開課期間需共同面對的過程；前幾項難題都一一克服後，當課程於各地同步展開時，協調、安排帶領人至各地進行教學也需要智慧因應。

　　從課程研發到服務展開過程中的各種困難均是我們常需面對的課題。所幸，在團隊伙伴努力與全臺灣服務新住民的組織合作中，我們一一克服了這些困難，讓服務在全臺各地展開，且截至 2017 年 5 月 24 日止，完成理財金融教育課程的學員達 745 人（結業率為 72.7%），累計儲蓄金額已達 19,800,687元。顯見推動新住民金融理財培力服務能對新住民婦女有所助益。

　　「理財，就是理生活！」將生活打理好、財務規劃與風險管理妥善因應，除個人與家庭需努力增進知能、學習成長改變外，整個社會環境面如能更友善面對新住民、協助新住民融入社會生活；社福團體一方面能針對因環境結構轉變產生的社會現象與議題，研發、推動新式服務方案，以協助經濟弱勢服務對象藉財務素養／知能培力，積極從經濟困境站起來；另一方面也希望減緩新住民金融排除的衝擊，積極增強新住民生活自立的能力。

參・考・書・目

一、中文部分

內政部（2006/01）。《國籍法》。檢索日期：2017 年 6 月 20 日，取自 http://glrs.moi.gov.tw/EngLawContent.aspx?Type=C&id=82

王月君（2015）。新移民媽媽的幸福帳本，幸福不幸福？——新移民女性參與理財培力之實作經驗。2015 年婦女福利與社會工作實務研討會發表之論文，彰化縣。

王宛琪（2012）。**2012 年亞太財金教育高峰會會議摘要**。財團法人台北市賽珍珠基金會。2012 年 12 月 5-6 日。

洪敏萍（2013）。**2013 年財團法人台北市賽珍珠基金會扶助之中低收新住民**

女性的服務需求調查報告分析。財團法人台北市賽珍珠基金會。

徐心裴、王月君（2013）。新住民金融理財培力暨行為改變課程設計要領與課程架構。財團法人台北市賽珍珠基金會。

許崇賓（2009）。外籍配偶工作權之問題研究（碩士論文）。東海大學，臺中市。

移民署（2011/09）。居留證加註記，免除新移民求職障礙。檢索日期：2017年6月20日，取自 http://www.immigration.gov.tw/ct.asp?xItem=1105442&ctNode=29710&mp=1

陸委會（2015/07）。《臺灣地區與大陸地區人民關係條例》。檢索日期：2017年6月20日，取自 http://www.mac.gov.tw/ct.asp?xItem=112157&CtNode=5659&mp=1

蕭秀玲、徐心裴（2013）。2013年200份新移民女性金融理財需求問卷調查統計分析報告。財團法人台北市賽珍珠基金會。

蕭秀玲（2014）。愛沒有國界更不分種族：賽珍珠基金會。載於蕭新煌（主編），書寫台灣第三部門史 I（260-288頁）。高雄市：巨流圖書。

蕭秀玲、徐心裴、王月君（2014）。2014年「新移民女性金融理財培力發展行動專案」企劃書。財團法人台北市賽珍珠基金會。

賽珍珠基金會（2015/03）。新移民的幸福帳本—金融理財教育數位學習網。財團法人台北市賽珍珠基金會。檢索日期：2017年6月20日，取自 http://psbfrich.org.tw/

鐘重發（2004）。台灣男性擇娶外籍配偶之生活經驗研究（碩士論文）。國立嘉義大學家庭教育研究所，嘉義市。

二、英文部分

European Committee(2008). *Financial Services Provision and Prevention of Financial Exclusion*. European Committee.

OECD(2005). *Improving Financial Literacy: Analysis of Issues and Policies*. Organization for Economic Co-operation and Development.

Ron Bevacqua. (2012). *2012 Citi-FT Financial Education Summit*. Presented at 2012/12/5-6.

8

原住民的經濟議題
與社會工作

陳雅楨

　　這篇文章的撰寫脈絡是以一位漢人社會工作者的反思為出發點，從自身的工作經驗中理解與詮釋社會工作者可以用何種心態與行動來改善原住民的經濟福祉。

　　原住民族議題在全世界都受到非常大的重視，聯合國於 2006 年通過「聯合國原住民族權利宣言」。中華民國憲法修訂條文中，增加對原住民族文化的肯定及維護，並保障原住民族之地位及政治參與，並於 2005 年訂定《原住民族基本法》，於 2007 年修訂之《公職人員選舉罷免法》明確劃定原住民族之政治參與權利。

　　臺灣於 1996 年成立行政院原住民族委員會，2014 年更名為原住民族委員會，統籌規劃原住民族教育、文化保存與維護等事務，以有效運用各項教育資源，加速提升原住民族整體品質。在 1998 年頒布《原住民族教育法》更象徵原住民族教育工作的推展，邁向另一個新的里程碑，2010 年研擬原住民族教育政策白皮書等，透過立法過程強化、發展、保存與維護原住民族教育、文化與權益。

　　近來原住民族轉型正義的議題再次熱騰騰搬上檯面，在每一次的大選中原住民族的議題總是總統的重要政見之一。為什麼原住民族的議題總是需要專章討論？為什麼原住民族的議題也在全世界不斷延燒，即使有許多人士非常重視且投入原住民族問題解決行動，但原住民族的議題仍像是「野火燒不盡，春風吹又生」的景象。原住民族議題到底是社會救助範疇？或是人權議題？亦或是公平正義問題？本文所探討的原住民經濟福祉議題，牽涉到原住民個人、家庭、部落、社會與國家。

　　原住民族的社會工作議題，應該包含哪些議題？或僅僅限於社會福利範圍才是社會工作應該從事的範圍？這些問題都是社會工作者該詢問自己的問題。我記得在學校讀社會工作時，社工概論給了我非常廣闊而又具體的輪廓，印象最深刻的是：社會工作其中一種定義是社工是一種藝術；藝術，是很主觀的，絕對是一種美學。因此，藝術、美學、觸及人心的工作常會是棘手又複雜的工作。從事二十七年的社會工作，我秉持的社工角色就是「服務誰就要像誰」、以及社會工作的最終目的是「服務對象的自助自立」。這一篇的書寫也是秉持

著相同的原則：瞭解原住民族議題，就必須瞭解其歷史、文化、習慣、優勢與劣勢；還有社工自己的背景、喜好、能耐。在兩者的交互作用下，選擇對彼此最有利的方式。

　　本章的目的不在於說明應該怎麼做才能做好原住民族服務工作，而是要確保社工在工作時對問題的思考方向是正確的（這些問題也只有你自己才能回答）。以下重點討論：（一）原住民族的人口、教育、就業、家庭收支等議題；（二）都會區原住民族的經濟議題；（三）創業相關法規議題；（四）推動原住民族就業創業的服務經驗分析；（五）反思與再出發。

壹　原住民族的人口、教育、就業、家庭收支等議題

　　至 2017 年 3 月，原住民族人口有五十五萬四千多人，十六族的人口分布為：阿美族佔 37.27%、泰雅族佔 15.96%、排灣族佔 17.89%、布農族佔 10.39%、魯凱族佔 2.37%、卑南族佔 2.51%、鄒族佔 1.19%、賽夏族佔 1.18%、雅美族佔 0.82%、邵族佔 0.14%、噶瑪蘭族佔 0.26%、太魯閣族佔 5.58%、撒奇萊雅族佔 0.16%、賽德克族佔 1.76%、拉阿魯哇族佔 0.07%、卡那卡那富族佔 0.06%，其餘尚有 2.41%尚未申報其所屬族群（原住民族委員會，2017）。各族群擁有自己的文化、語言、風俗習慣和社會結構。此外，人口分布於山地鄉有 29.5%、平地鄉有 23.9%、都會區有 46.6%。由此推知，平地鄉與都會區的人口分布已超過七成（原住民族委員會，2017）。

　　在教育方面，高級中等學校之原住民學生粗在學率，104 學年度是 96.21%，較一般學生之粗在學率 99.51%低 3.3 %。大專校院之原住民學生粗在學率至 104 學年度為 51.6%，與一般生之 84.81%，相差 33.21%。103 學年國中小原住民學生輟學率為 0.81%，較一般國中小學生輟學率 0.18%為高；復學

率 86.32%則與一般學生之 86.33%接近。104 學年度高中職原住民學生休學率 3.73%、退學率 1.36%，均高於一般學生。另大專校院原住民學生休、退學率分別高於一般學生 1.8 及 3.9 個百分點。由上述資料顯示原住民接受教育年數低於一般學生。針對大專校院學生休學的原因，最主要是因為工作需求（20.51%），其次是學業志趣不符（17.16%），排序第三原因的是經濟困難（10.62%）。其中經濟困難的比率遠高於一般學生（5.55%），約是一般學生的 2 倍（103 學年度原住民族教育調查統計，2016），也可略見家庭經濟因素對於其接受高等教育的不利影響。

在就業方面，觀察歷年調查結果，原住民失業率由 2009 年 9 月的 8.85%，逐漸下降至 2014 年 6 月的 4.02%，至 2015 年 6 月首次低於 4%降為 3.98%，2016 年 6 月則降到 3.95%。事實上，原住民對於環境經濟因素的變化相當敏感，而大環境的經濟波動對於原住民勞動力影響，則更甚於全國民眾。2016 年 6 月原住民的勞動力參與率為 60.90%，高於全國民眾 58.68%。若從歷年趨勢變化來看，原住民的勞動力參與率略高於全國民眾。新北市的勞參率最高，為 65.02%，其次為臺中市及臺南市，分別為 62.29%及 60.89%，而高雄市的 58.56%最低。男性勞參率 64.45%比女性 57.52%高（原住民族委員會，2016）。

原住民就業者較多從事「其他服務業」（14.86%）、「營建工程業」及「製造業」。男性以從事「基層技術工及勞力工」的比率最高，佔 34.47%，女性以從事「服務及銷售工作人員」的比率最高，佔 25.11%。高職、高中、國初中、小學以從事「基層技術工及勞力工」的比率較高，分別佔 28.91%、31.59%、45.22%以及 48.39%（原住民族委員會，2016）。

就家庭收支方面，原住民家庭年平均收入為 65.81 萬元／戶，其中收入來源以薪資收入為主，比重佔 91.39%，其次依序為「經常移轉收入」佔 6.83%、「財產所得收入」佔 1.19%、「雜項收入」佔 0.58%。原住民家庭年收入約為我國全體家庭平均狀況的 0.61 倍。原住民家庭年平均支出為 48.98 萬元／戶，其中非消費支出為 7.36 萬元／戶，而消費支出為 41.62 萬元／戶。與我國全體家庭平均支出相比，原住民家庭總支出為全體家庭平均的 0.52 倍，

其中非消費支出為 0.37 倍，家庭消費支出為全體家庭平均狀況的 0.56 倍。再者，原住民家庭貧富差距 11.93 倍，其家庭所得分配呈現不均狀況比我國全體家庭來得嚴重（原住民族委員會，2014）。

　　為什麼原住民沒有錢？真的比較窮嗎？常常聽到說「原住民領了薪水就會消失幾天」？原住民真的比較不負責任嗎？他們的生活發展模式跟平地不一樣嗎？十五年前剛剛到原鄉部落工作時發現幾乎每一戶人家都有車，不管是裝貨的貨車、或是家用小轎車，現在部落裡連休旅車都算普遍了。每一戶人家幾乎都有自己的房子，租房在部落是不時興的。我思考原住民窮嗎？當時我一個小小社工員還買不起一部車呢！然而事實是什麼呢？

　　以阿里山鄉為例，阿里山區位於中央山脈腳下，高度從 300 公尺至 2,000 公尺都有。在山區大部以農業生產為主，從種植、管理、採收到市場都需要車輛，因此，幾乎家家戶戶都有至少一部車，車輛不僅僅用於生產，也必須用於日常生活，車子作為運輸工具提高了收益，也增加了固定成本的支出。

　　一般在部落，以一個村來說，有個 1,000 人算是大村了，通常這 1,000 人當中至少有三分之一的人不住在部落裡，或是工作或是就學。離平地越近的部落，在平地工作、就學的機率就越大。因為人口數不多，所以不時興租屋，也很難租到房子，原住民部落沒有蓋房子出租的概念，也沒有這個市場需求，在原住民概念中，就算簡陋也要有自己的房子，在部落裡簡單的房子沒有辦法取得銀行貸款。原住民賺的錢必須先負擔生活開銷，很難作為投資的資本。

　　阿里山鄉有七個原住民村及五個漢人村（漢人村都是比較有錢的家庭，多半是以茶葉產業為主），每個村都有各自的國小，只有兩所國中。為了學生的就學競爭力，父母傾向把學生送至嘉義的私立中學就讀。從樂野村到嘉義開車至少 50 分鐘，更遑論阿里山鄉最遠的部落里佳，從里佳村開車到嘉義至少需要一個半小時。孩子從讀中學開始，父母必須讓學生在市區居住，或是住學校的宿舍，這樣的情況就好像是多了一份家庭開支一樣，孩子需要房租、膳食費、生活開支。比起一般漢人家庭，讀高中才會離開家，有的甚至讀大學都住家裡，家庭生活開支比較少。原住民學生如果不住宿舍，孩子每天要花費至少 4 小時在通勤上，因為早起容易導致精神不濟，也影響學習品質。加上部落裡

通常沒有方便的公車，義務教育的開始已經是家庭花費的開始。

原住民在有第一份收入開始，貸款蓋房子為了生活、貸款買車子為了生財、貸款繳學費為了子女，這樣的世代循環著「負數」家庭財務經濟的狀況。對原住民來說穩定收入才是改善家庭經濟的方式。

貳　都會區原住民的困境

原住民各族人因為原鄉地區發展不佳，教育資源匱乏，就業機會不足，生活提升困難，紛紛往都市遷移。移居到都市的原住民由於經濟條件不佳，難以覓得較佳的居住地點，在都市邊緣地區聚集在一起，成為他們的居住場域。亦有部分原住民集合起來購地造屋，建立原住民的住宅社區。近期由於政府對都市原住民違建聚落的裁撤，陸陸續續有越來越多的都市原住民被政府安置到國宅中。在原住民社區中，原住民往往因為群居的緣故，得以保留其傳統文化與人際互動。然而，在一些原住民拆遷的過程中，由於政府未顧及原住民族文化的獨特性，因此原住民的生活習慣、互動模式與文化受到了破壞、流失。由於原漢文化不同，未臻理想的政府政策，讓原住民族的發展受到相當大的限制。

在教育上，因為教育資源的不足，與原住民經濟能力的限制，原住民的教育水準始終無法提升。在缺乏教育與職業技能之下，都市原住民要在都會區中尋找工作，礙於本身條件的限制，往往多是勞力工作為主，造成原住民的平均年齡比臺灣平均年齡少十年之多。加上臺灣產業結構變遷，過去以勞力為主的工作環境減少，原住民也較早離開職場，造成都市原住民嚴重的中年失業問題。失業所帶來的不僅是工作的喪失，同時也是經濟的喪失。原住民在失去謀生的機會之下，生活逐漸陷入了困境。而在都會區中的原住民子女，由於原住民父母工作的流動性大、經濟收入不穩定，在教育上受到極大的影響，不但造

成了許多原住民中輟生，更使得原住民下一代的教育無法提升。

參　目前政府對原住民創業相關政策的議題

　　為保障原住民的工作權，於 2001 年 10 月底通過《原住民族工作權保障法》。該法是整合既有的原住民族就業促進相關法令及措施，並更積極、整體性地採取就業保障措施。該法的目標有二：第一，促進就業：亦即提高就業率，降低失業率。第二，保障經濟生活：增加工作所得，改善生活。

　　目前針對原住民的各項經濟補助狀況：為輔導原住民族創業生產、發展原住民族地區經濟，由「原住民族綜合發展基金」提供融資，設置「原住民經濟產業貸款」、「原住民青年創業貸款」及「原住民微型經濟活動貸款」等業務，以協助原住民族自立創業之資金需要。每一種基金貸款方式皆由借款人填具貸款計畫申請書及應備文件，向事業地之直轄市、縣（市）政府提出申請，經初審符合規定者，即轉送經辦機構當地分支機構辦理徵信、審核及貸放手續。關於各類基金的申請，原住民族委員會亦設有金融輔導員協助處理，金融輔導員的服務項目如下：（一）貸款諮詢；（二）輔導撰寫創業計畫書；（三）貸款流程協處；（四）協助貸款戶申請展延措施；（五）逾期放款戶及轉銷呆帳戶持續輔導；（六）原住民族儲蓄互助社業務推展；（七）經辦機構協調連結等服務（原住民族委員會網站，2016）。

　　雖然政府對於原住民族創業提供多項福利政策與措施，但在實際執行時有其困難與落差，與原住民實際生活脫離。以申請綜合發展基金為例，原住民申請經濟產業或創業貸款時，需提供相當價值的擔保品，其中土地是最為常見的擔保品，但是由於原住民族保留地之使用限制，銀行鑑價時經濟價值偏低，能夠貸款的金額有限，無法真正在創業或產業發展上協助原住民在原鄉發展。此

外，申請貸款時，需要有兩位連帶保證人，然而在實務上，在原鄉具有代償能力的人，多半為公務人員，人數有限，因此造成借款人不易達到貸款的條件。原住民除向金融機構借貸、擔保貸款，另有一類債務為透過私人關係借貸，包括向親友借款、賒帳、雇主預支薪水等。

肆　推動原住民就業創業的服務經驗分析

一、原鄉工作的掙扎與平衡

先寫說一個大家都知道的故事。

一個富翁來到一個小島上渡假，雇用了島上的一個漁夫當導遊。

幾天相處下來，富翁跟這漁夫說：「你做事很勤奮實在，我很欣賞。我想問你一個問題：為什麼不多待一會兒，可以釣更多的魚？」

漁夫回道：「賣掉這些魚已經夠換來好幾天的家用，等需要時再釣吧。」

富翁好奇，問漁夫除了釣魚，是怎麼過日子。

漁夫答道：「我釣魚的時間不多，沒錢用時才到碼頭或出海捕魚。白天我和我的孩子們玩、睡午覺，下午和太太漫步，晚上和朋友們喝酒吃飯、唱歌跳舞玩吉他。」

富翁於是教訓他：「你太不思進取了。你應該花多點時間去釣魚，多釣多賣多賺，然後買一艘大漁船，釣更多的魚。之後賺了錢便換更大、更多的船，再把你村內的漁民組織起來，變成你賺錢的船隊。到那個時候，你就不需要自己出海，你可以自己開一間加工廠，做自己品牌的魚肉罐頭，自己生產、推銷。」

漁夫不解，瞪大雙眼問：「那我豈不是很忙碌？我豈不是沒有時間陪伴家

人，不能每晚和朋友吃喝玩樂？」

　　富翁安慰他：「我是投資銀行家，我可以幫你，把這個業務做大做強，然後安排公司在紐約交易所上市，到時你便是千萬富翁了。」

　　漁夫聽罷有點興奮：「這要用多長時間？」富翁回應：「如無意外的話，只需十至二十年時間。」

　　漁夫繼續問：「公司上市後又如何？」

　　今次是富翁有點興奮了，他回道：「公司上市後你可以退休，搬到一個美麗的小漁村去生活，白天和你的孩子們玩，中午睡個午覺，下午和你的太太一起溫馨溫馨，晚上和你的朋友們喝酒唱歌跳舞玩吉他，一直玩到深夜！逍遙快活，多麼寫意。」

　　漁夫冷然回應：「哦，我現在不就是這樣生活嗎？」

　　以上這個故事或許可以部分反映出與原住民工作的經驗，也挑戰社工界對於服務成效定義的界定。

二、原鄉社會企業創業經驗與原住民工作

　　社會企業來自於 19 世紀歐洲社會慈善的概念，直至 1970 年代左右再由經濟合作暨發展組織（Organisation for Economic Co-operation and Development, OECD）十五個會員國提出發展的新概念，強調從社會經濟著手促進社會凝聚、公平及個體間的合作來維持經濟臺灣。「社會企業是兼具經營能力與社會效益的企業組織。」

　　概括而言，社會企業是一個組織，並具有以下特徵：（一）產品和服務是社會目標，（二）獲利（確定是賺錢的），（三）大部分的利潤用於社會和環境目標。這意味著他們的利潤投資是讓環境受益的，運作的方式是減少損壞地球，並確保企業創造了新的機會給予人群。社會企業是在歐洲增長最快的商業形式，它包含了：（一）處理社會和環境問題，（二）提升了企業社會責任，（三）改善公共服務和提供公共服務的形式，（四）提供了一個高層次的接觸與使用者，（五）使用創新方法嘗試解決已存在的問題，（六）鼓勵一些弱勢族群（如婦女，青年和罪犯）（臺灣社會企業創新學會，2016）。

　　臺灣社會企業為大眾所開始注意，大致上從 2007 年「若水」以比賽形式尋找社會企業的投資案為濫觴。2008 年為了原住民族地區的發展，瑪納以社會企業的概念提出「曙光計畫」並獲得唯一的入選，間接促成光源社會企業的成立，也是臺灣第一家於公司名稱上直接標示社會企業四字的公司。

　　我對社會企業的定義是，「一家解決社會問題的企業」。我是從企業的角度出發來思考，並非從非營利組織的發展角度來思考。在過去的一些研究報告中指出，社會企業的誕生因素，大都起源於非營利組織的政府支援變少，組織必須自己籌措經費，以利組織的營運，因此就有許多非營利組織展開營利行為與事業。隨著社會企業的越發討論，似乎越來越多人接受光譜論作為社會企業類型的看法，臺灣對於社會企業的定義仍然沒有一個比較能夠為大家所接受的說法，似乎只要是有公益就可以是社會企業，這讓社會企業的可能性擴大許多，也有了更多的想像空間與創新機會。

　　我個人也喜歡輔仁大學吳宗昇老師所寫的一篇〈社會理念作為一種生意策略——類社會企業的商業組織初探〉所提的概念——以社會理念作為一種生意策略（吳宗昇，2010）。我認為社會企業是有機會且有管道，讓一群人可以用更良善的方式從事商業行為，可以有更寬廣的揮灑空間，並且以更嚴謹的態度面對生產者、消費者，讓社會更加符合公義原則。

　　依據《公司法》，企業的目的就是為股東賺錢，如果沒有做到就是沒有盡到企業的責任。如此說來，賺最大利益是企業的基本精神，然而在賺錢的過程中，是不是對於環境、各種關係人的利益也相對重視呢？舉個例子，記得幾年以前，到花蓮東海岸旅行，在海的沿岸蓋起了幾棟高級觀海旅館，不消說，因為面對著廣闊海洋，這是有商機的。但是對於幾代居住在那裡的人而言，因為靠著海邊生活所發展出的文化及生活習慣，突然有一天被告知，到海邊散步是需要付費的，這是多麼令人無法想像的事。太陽、空氣、水、美麗的山景、寬闊的海邊，一切大自然的化工都是上天賜予生活在這塊土地上的所有生命，突然有一天，商人說這個有商機，可以創造就業機會，可以改善家庭經濟，這一切都跟著變了，變得和過去的認知不一樣了。

　　由於對原住民族文化的認識及賦權觀點的概念下，筆者於 1997 年開始原

鄉工作，並開始推動「有機部落」運動，從廚餘轉做有機肥開始，以降低成本的觀念來推動有機部落，並於 2006 年成立瑪納有機文化生活促進會；為了解決有機耕作所產生的市場需求，於 2009 年成立「光原社會企業」；2009 年八八風災造成阿里山產業重創，瑪納有機農友也遭受莫大的損失，為了協助有機農友重建，瑪納設立了組織內部的融資系統「信德基金」，以解決現金不足的問題；為了因應政府稅制及發展加工品，設立「原動力社會企業」；為了解決醜蔬果無法上架，進入通路商的問題，在輔仁大學設立「輔原社會企業」以蔬食、健康餐點為訴求提供，提供年輕學子健康的膳食，同時擴大市場幅度。

　　「瑪納」與「光原社會企業」在原鄉發展社會企業的歷程已經有了十年了，從生產輔導到銷售，發展原鄉部落的六級產業，從 B to B 到 B to C，在 2016 年以 BOPT（Build, Operate, Profit, Transfer）——用社企培育社企，於 2016 年分別於阿里山及行政院聯合辦公大樓內設立 Manna Tsou café, Manna Light Fun，以創業增加就業機會。在價值鏈中增加二十一個工作機會（瑪納／光原，2016）。

　　這十年來，組織不斷因應資源的來源、市場的變動、農友的能力而不斷調整，這充分顯示「利害關係人」間的關係，及必須符合所有利害關係人的利益。組織或企業的文化會影響組織的未來發展方向，這與我們常常談的原住民族文化是不一樣的。原住民族的工作，不能不考慮「文化」，文化已經變成一種可以帶來利潤的「商品」之一，但是由誰來操作這「商品」就是社會企業必須常常思考的議題。「社會企業」就是一個企業體，既是企業體，就會有許多與社會企業本身文化上相異的思想不斷出現來衝擊社會企業的發展，也容易造成組織內「手段」與「目的」間的模糊，這很容易讓社會企業的發展走向不同的道路。

伍　反思與再出發

「火焰是燃燒物質的現象」，但現象耀眼，我們常常忽略了事情的本質。原住民族議題中「服務」是個問題現象，背後有各種不同的原因，所以當我們要尋找策略、資源來對抗問題時，現有的「單一藥方」常會失去準頭。窮人經濟學作者 Abhijitv. Banerjee 和 Esther Duflo（2011）認為，如果我們沒有直視問題背後的結構因素，沒有真正認識改善問題的方法，就無法真正達到解決問題的本質。

一、社工員的角色，是「資源仲介者」或是「正義支持者」？

社會對於原住民可能仍存有一些偏見，例如「懶惰」、「愛喝酒」、「不會存錢」等，這些以結果來推論原因的說法，似乎看似合理，卻是社工員首先必須自我釐清的價值信念。社工員到底是協助者？協商者？或是資源仲介者？或是有其他角色呢？原住民在尋求機構協助時，非常清楚自身的需要，社工員也當然竭盡全力協助，當資源媒合不成功，或是原住民需求不能被滿足時，我們往往容易將原因指向「不符合組織目標」，因為社工員在受雇於機構時，便非常清楚機構的角色與目標，求助者清楚自己的需要卻不一定瞭解機構的服務項目與協助範圍，因此社工員的角色往往在資源的仲介。

然而原住民需要的往往不只是資源，因為資源不足或是缺乏源自於歷史因素、制度改變，更甚至是一直以來發展上的惡性循環，所以社工員在原鄉工作的角色有更多一點社會運動的模式在其中。

二、尊重「文化」及「合作」是服務成功的關鍵

大家慣常都說自己是一個尊重別人的人，在一個以「大中華文化」下成長

的人，這是有點困難的，一直以來我自己也是不斷學習。「案主自決」或是「夜郎自大」其實只是一線之隔，「陪伴」與「主導」常常也難以分辨。

　　你自己如何看待原住民？是「失能者」？「不足者」？「正在成長的人」？「正要一展長才的人」？⋯⋯不一而足。不管我們處理的是「受暴」、「急難救助」、「青少年」、「老人」、「身心障礙者」，社工員如何看待原住民才是處遇的第一步，這個態度也是影響工作成功與否的關鍵。

三、社會工作效益需要加入永續發展的概念

　　臺灣政府將不同需求規劃成不同單位負責；社工員多聘用於非營利組織或是政府單位，因此在工作時已經將範圍縮小為特定服務，容易導致頭痛醫頭，腳痛醫腳的情況。並不是政府的措施不好，而是這樣的服務符合受服務者的需求嗎？政府訂立了許多原住民族政策，即便是立意良好，深思熟慮的政策，如果沒有落實，可能沒有任何效果，不幸的是，立意與執行之間可能有很大的鴻溝。此外，令人遺憾的是在現行的政策、法規及福利規劃，都以世俗的經濟觀點為之，都普遍認為「只要給予適當的激勵和補貼，他們便能跨越困境，創造奇蹟」。答案是肯定的，但多久才能實踐跨越奇蹟呢？一般來說，補助或是補貼都是有時間限制的。

　　想要瞭解原住民家庭經濟，就必須在原住民「生活中」瞭解，有哪些因素影響其「財務能力」或是應該說影響其「財務累積的能力」。尊重與認同當地文化是合作的基礎。原住民自己本身所關切的，不僅僅是自己的問題本身，他們同時關心家庭、社區、環境、市場等議題。原住民自己也很難把自己的問題抽離於這些問題中，我們能選擇的不是「是否」採取永續發展的行動，而是「如何」進行。我們可以選擇，或將永續發展視為躲不掉的麻煩事，是不得不低頭的環境，和必須面對的風險；或是做另類思維，將它視為創造新價值的方式之一。

　　我認為原住民的工作不是解決他眼前的問題，而是「跟他一起帶著勇氣往前走」。過去二十七年的社會工作經驗，充滿了工作中的酸甜苦辣，其中最刻骨銘心的一定是痛苦，這樣的痛苦並不是工作中的無奈、挫折，而是苦其所

苦，這種痛苦莫過於自己的能力有限、資源限制，因為許多工作歷程中的個案、家庭、社區的弱勢現況，並非是自己不努力所造成，而是過去歷史、環境、政策交錯而形成，所以我最痛苦的是苦其所苦。然而，也是這樣的社會工作內容、歷程及過程中的每一個人，豐富了我的生命。

參・考・書・目

一、中文部分

原住民族委員會（2014）。103 年臺灣原住民族經濟狀況調查。新北市：行政院原住民族委員會。

原住民族委員會（2016）。105 年第二季原住民族就業狀況調查報告。新北市：原住民族委員會。

原住民族委員會（2016）。原住民族綜合發展基金貸款專區。檢索日期：2017年 6 月 10 日，取自 http://www.apc.gov.tw/portal/docDetail.html?CID=23DD6FC526F7465A&DID=0C3331F0EBD318C22D88F87E58385387

行政院原住民族委員會（2016）。103 學年度原住民族教育調查統計。檢索日期：2017 年 6 月 10 日，取自 http://www.apc.gov.tw/portal/docDetail.html?CID=217054CAE51A3B1A&DID=0C3331F0EBD318C293610C80B2406205

原住民族委員會（2017）。原住民族人口數統計資料。檢索日期：2017 年 6 月 10 日，取自 http://www.apc.gov.tw/portal/docDetail.html?CID=940F9579765AC6A0&DID=0C3331F0EBD318C20D5CCD48C2612918

台灣社會企業創新學會（2016）。社會企業的近況發展。檢索日期：2017 年 6 月 10 日，取自 http://www.seietw.org/1285623103820225qa.html#02

吳宗昇（2010），社會理念作為一種生意策略：「類社會企業」的商業組織初探，發表於經濟社會學工作坊：「社會與族群經濟」。臺北：中研院社會學研究所、新北市：輔仁大學社會學系。

瑪納／光原（2016）。2010~2015 公益報告書，未出版。

二、英文部分

Banerjee, Abhijitv & Esther Duflo (2011). *Poor Economics*. US: Public Affairs.

9

老人財務管理、財產保護與社會工作

林聖峰

　　所謂「老」是一種生命過程的變遷，從出生開始人的生理狀態逐漸成長，繼而隨著時間流逝而衰退，當社會上由於醫學發達、營養普及與環境改善後，致使老年人口不斷增加，老年經濟安全保障便不斷面臨巨大的挑戰。老年人除要因應本身體能不斷衰退的情境，同時更需面對家庭照顧功能喪失、社會及經濟環境改變、各種失業、低工資等就業及退休保障風險，老年人的經濟安全遂成為各先進國家所面對的一道難題。本文將試從人口老化，老人的經濟來源與財務管理、老人財產保護等面向討論，並透過實際案例使讀者能便於瞭解老人財產保護工作的做法。

壹　臺灣人口老化趨勢

　　我國老年人口比於 1993 年達 7.1%，正式邁入高齡化社會（Ageing Society），依行政院推計，預計於 2018 年達 14.6%，進入高齡社會（Aged Society），2025 年將攀升至 20.1%，達到所謂超高齡社會（Super-aged Society）。我國從高齡化社會到高齡社會約歷經二十五年，然由高齡社會進入超高齡社會推計將僅需七年，顯示臺灣老化速度快速（衛生福利部，2014）。

　　依李宗派（2006）人口老化與其變遷趨勢之探討文中指出，臺灣人口老化變遷趨勢有下列特點：（一）老化速度快速驚人，從預測值中自 2025 年後平均每四個人必須扶養一名老年人，此一問題反映出臺灣人口老化問題之急迫與嚴重，同時高齡化亦造成老年人口依賴比例提高。（二）人口老化主要原因係為壽命延長與出生率下降，老年人口及少子化趨勢明顯；其中女性老人比率增多，尤其需提早因應女性老人之醫療及經濟需求議題。（三）老人越多、老化速度越快，將對醫療保健、社會福利、居住環境及交通建設等產生巨大的影響。綜言之，隨著日益增多的老年人口及上述問題，可以想像未來安養、照顧

及醫療需求及問題等將越來越多，屆時對社會整體負擔也亦日趨嚴重，老年人經濟安全之議題更值得被重視及討論。

貳　老人的經濟來源與財務管理

　　由於大部分老年人已退出勞動市場，故其所得來源主要來自各類的移轉，這些移轉大致分成三個類型（王德睦、呂朝賢，1997）：（一）家庭內移轉，如成年子女或親屬將資源移轉給老年父母；（二）生命週期移轉，如個人透過儲蓄或投資將資源由生命早期移轉至晚期；（三）社會移轉，例如透過社會安全稅收或政府一般稅收，將資源移轉給老年人。也就是說，老年人的所得來源與生活保障，有賴這三種型態互相配搭組合而得以維持。

　　在上述三個來源中，第一個是家庭來源，第二個市場來源，第三個是社會移轉為政府提供的現金給付，其中分為需要經過資產調查（means-test）的給付，例如社會救助、中低收入老人生活津貼等。另一種為需要繳交保費的，例如勞工保險、國民年金保險等（詳見表 9-1）。至於老年農民福利津貼，針對老年農漁民，但是 2013 年 1 月 1 日起新申請者採取排富條款，也需要做資產調查（勞動勞工保險局，2017）。以上各類政策之詳細內容可以搜尋中央衛生福利部、勞動部、銓敘部等網站、或是地方政府社會局（處）等網站。表 9-2 顯示世界銀行建議的五層次年金架構，第一層強調的是國家責任。第二層由各方繳保險費共同支應，重視集體責任。第三、第四與第五層是由雇主、個人或家庭等承擔，強調的是國家以外的私人責任（傅從喜，2012）。

▣ 表 9-1 老人所得來源——社會移轉（非社會救助類）

身分別	第一層　基礎年金	第二層　職業年金
公務人員	公務人員保險老年給付	軍公教人員退撫制度
軍人保險	軍人保險老年給付	軍公教人員退撫制度
私校教職員	公務人員保險老年給付	私校教職員工退撫制度
受（自）雇者	勞工保險老年給付	勞工保險退休制度
農漁民	老年農（漁）民福利津貼	無
非就業者	國民年金保險	無

資料來源：修改自楊靜利、黃于珊（2009）

▣ 表 9-2 世界銀行的五層次年金架構

	特色	方案性質	財源
第一層	社會年金或社會救助	普及式或殘補式	一般稅收
第二層	公共年金	強制性	保費
第三層	職業年金	強制性	金融資產
第四層	職業年金或個人年金	自願性	金融資產
第五層	家庭支持與醫療、住宅等服務	自願性	金融或非金融資產

資料來源：傅從喜（2012）

　　無論所得來源，老人的財務管理也是一個重要議題。針對如何確保老年人的財產安全並落實管理，有以下建議（楊靜利、黃于珊，2009）：（一）退休後的理財原則：(1) 先審慎規劃風險控制，(2) 再精算各項投資之報酬，(3) 必要時可考慮延後退休或繼續工作。（二）針對金融資產的選擇：(1) 金融資產的風險選擇應與年齡成反比，(2) 老年人宜將半數金融資產投資於收入穩定之債券，而非報酬起伏大之股票，(3) 仍需維持一定比例之股票或不動產證券，以確保收入隨通膨成長。（三）針對子女教育基金與退休金應分開規劃，建立子女經濟獨立觀念與能力，也預留自己的養老金。

　　參考鄭麗珍（2012）的實驗方案，其設計的理財教育手冊，提供中高齡學員基礎的理財知識。課程包括兩個核心目標：（一）認識儲蓄的重要性，並學習有效管理自己的金錢。（二）認識投資的積極性，並瞭解適合投資商品與投資風險的屬性。其課程的六個主題為：（一）我的退休金規劃；（二）預算規劃與儲蓄；（三）債務、信用卡與詐騙；（四）保險；（五）投資；以及（六）資產配置與家庭生命週期。該課程關注理財知能與理財行為。在理財知能方面，分為通貨膨脹、信用管理、保險與風險管理、借貸、管理、投資理財規劃等五個方面；在理財行為方面，分為金錢管理、儲蓄行為、信用卡行為、保險行為、借貸行為、投資管理等六個方面。該實驗方案發現：適當的理財教育方案介入在短期裡對於理財知識的增長是立即而明顯的，但對理財行為的改變則不易透過短期前測與後測方案評估的方式看出。

參　老人財產保護與案例分析

　　2017 年《老人福利法》修法中，第二章經濟安全部分增列第 13、14 條相關條文，給予主管機關為保護老人的財產安全之責任，保護老人的財產有助於穩定其晚年生活。會成為老人保護工作對象之案主，多半係因財產遭受侵害而危及老人晚年的生活和照顧。財產保護案件中常見的類型有三，第一種類型為強迫老人處理財產，常有家屬對老人要求分產，或是子女因經商、償債，要求老人處理分配家產，而使老人晚年經濟安全無法受到保障；第二種類型常因老人的身體及心智功能逐漸退化，家屬不當侵占老人財產，致使老人財產發生損害；第三種類型則是利用保管機會私自挪用、騙取老人財產，或過度依賴老人財產等情形，讓老人經濟自主失去保障（中華民國老人福利推動聯盟，2010 & 2011）。

　　Mccallion 和 Park（2013）針對老人經濟虐待提出微視層面的模式，圖 9-1 顯示有四個部分要特別關注：（一）社會網絡部分：對於受害的老人，要注意老人的社會網絡是否有人可以監督或通報。在加害人的部分，其社會網絡可能是有社會控制之功能，但也可能成為共同剝削老人的共犯。（二）個人因素部分：對於受虐老人，其若年邁、女性、獨居、最近經歷失落等都會增加經濟剝削的風險。對於加害人，物質濫用、精神健康、賭博或是財務問題等都會增加老人的經濟剝削風險。同時，若加害人與受害老人的關係不佳，也會增加風險。（三）地位的不平等：在性別、年齡、族群、教育程度、財富的差異會形成一種依賴或不平等關係，或是產生怨恨而有經濟剝削的問題發生。（四）關係類型：加害人與受害人的關係是剛建立的或是長久認識的、關係的本質或目的等等都可能影響是否導致經濟剝削。（五）權力與交換動力：受害者的依賴程度、弱勢程度都與經濟剝削有關聯。突發事件例如重病、失去親友等都會增加風險。

　　此外，Mccallion 等人（2013）也關注巨視層面的議題，也就是老人的經濟虐待／剝削也會受到外界環境的影響，這包括：預防老人經濟虐待的政策、社會文化如何看待老人與子女間的財務提供、政府推動老人保護工作的努力、通報流程的問題、民事與刑事相關的議題等。因此社工員也需要瞭解這些巨視層面，並倡導制度應更趨完善。

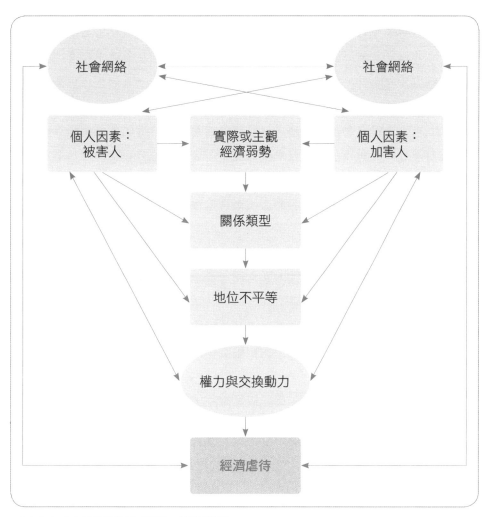

● 圖 9-1　經濟剝削概念模型：微視觀點
資料來源：Mccallion, et al.（2013）

以下討論兩個實務案例，說明社工員如何進行服務。

案例一

　　女性老人 89 歲，獨居，先生過世，膝下無子女。其有高額財產，意識清楚時便容易相信他人而任由他人安排住宿、照顧及處理財務；在罹患失智症後更無力自立生活及做各項決定，且目前雙眼失

明。雖將部分財產提作信託，但剩餘財產仍龐大，恐被侵害之虞。

其與先生的一位遠房親戚關係密切，當老人入住養護中心後，其也經常探視老人，提供水果或營養補給品。另外，老人的先生與第一任妻子育有一女，但目前失聯中。

老人名下有房子及土地，經濟狀況無虞。目前透過售屋後所得進行財產信託，負擔居住養護中心的支出。社工員進行訪視後評估老人除部分財產進行信託外，仍有為數不少的財產尚未安排，為確保老人其他財產不被侵害，協助其向法院聲請監護宣告。

針對此案例，社工員所面臨的問題至少有：（一）老人自簽訂信託契約後，無法自我意識表達的進程速度非常快，社工員如何在其自主權行使及權利不被侵害下，評估協助其申請監護宣告？申請過程中需要注意哪些事項？（二）案夫的女兒已成年旅居國外，目前失聯中。在未知是否經法定認養程序下，如何判斷與案主是否有法律上的親屬關係、照顧責任及繼承權利等？

以下提出建議與解析：

（一）透過監護宣告及財產信託以保案主權益：監護宣告程序為必然要執行的動作。另採取財產信託方式以保護案主財務不被不法人士侵害。

（二）無行為能力之老人其財產維護亦為老人保護的一環，應視老人財產保護法律程序進程及受干擾情形，評估及進行處遇策略。

（三）本案為非典型遭受虐待或傷害之老人保護案件，但個案財產在無其他可保護協助之人且案主無自主處理能力狀態下，宜由主管機關介入並納入保護處遇策略中一併評估。財產龐大易受覬覦，除評估向法院申請監護宣告外，因法院作業程序冗長，亦應評估其他外人干擾情形，必要時進行保護安置策略，並瞭解其財務受侵害情形，採取必要法律作為及其他處遇策略。

（四）社工員應注意安置於機構內案主受照顧情形，避免照顧疏忽與虐待之情事發生。

　　依《老人福利法》第 41 條「老人因直系血親卑親屬或依契約對其有扶養義務之人有疏忽、虐待、遺棄等情事，致有生命、身體、健康或自由之危難，直轄市、縣（市）主管機關得依老人申請或職權予以適當短期保護及安置。老人如欲對之提出告訴或請求損害賠償時，主管機關應協助之。」該條文之規定，安置機構為依契約對案主有扶養義務，社工員需觀察案主受照顧情況並提高老人保護情事之敏感度，以確保案主照顧品質。

　　至於法律上的提醒：（一）監護宣告、輔助宣告聲請過程，有關監護人、輔助人之選任應依服務對象最佳利益為酌定，始得保障其權益；另會同開具財產清冊宜由主責社工員為協助，以完成釐清個案財產。（二）案夫前妻所生之女兒係姻親關係，除非經案主收養，否則雙方無親子關係。有無收養可依戶籍謄本為查核，倘雙方無任何法律上親子關係，案夫前妻所生之女兒與本案例老人因雙方並未同住，無家長家屬關係，故無照顧、扶養義務。又姻親關係並非繼承人，故無繼承權利。（三）如本案例老人往生後，無其他合法繼承人（配偶、子女、父母、兄弟姊妹、祖父母），屬無人繼承之財產，該財產應歸屬國有財產署承受。

案例二

　　女性老人自行到機構求救，表示長子長期威脅其交出印章、印鑑證明、身分證及土地權狀，不知該如何解決。老人有兩個兒子、三個女兒；目前與次女同住，次女有先生與小孩，所居住之房屋為次女婿向朋友借住，屋內陳設簡單乾淨，環境良好。至於長女、三女都不常來往，但三女會在老人就醫時予以協助。

　　老人的長子曾於外縣市工作，因工作發生意外返鄉休養，患有躁鬱症，領有身心障礙證明，輕度精神障，曾住院治療，長子雖然過去是主要照顧者，但時常拿不乾淨的食物給老人食用，照顧品質令人堪憂。次子在外縣市擔任計程車司機，亦為老人主要照顧者，由於工作之故經常不在家，才將老人交由老人的次女照顧。

　　老人早年在菜市場賣菜，後因年邁及身體狀況不佳無法繼續工

作，目前主要經濟來源是榮民遺眷半俸及地方政府的老人津貼，經濟是入不敷出。長女及三女均未曾拿錢回家。長子因精神狀況不佳，長期失業，依賴政府補助及老人平日的支援。次子每月收入不穩定。

老人雖害怕長子的威脅，但礙於長子精神障礙又是自己兒子，對於聲請保護令及進入相關法律程序皆拒絕；老人雖表示不堪長子騷擾，但有時又會覺得乾脆把財產都給長子，如此長子才會就此罷休。

次子擔心家族遺產會被長子侵占及轉移，隨即帶老人前往地政局辦理撤銷土地權狀等相關暫停轉交手續，辦理完畢後即在地政局門口巧遇長子，長子立即對兩人發怒咆哮，導致老人身心無法負荷而送醫。

次子及老人告知社工員此一情事時，情緒相當激動，社工員擔憂老人生命安全，又再次詢問是否提出保護令聲請，老人即表示願意，因此在次子及社工員陪同下至派出所報案製作筆錄。社工員陪同老人出庭應訊，老人因擔心害怕而退縮，向法官表示若長子歸還相關證件及土地權狀就不聲請保護令；日前法院以欠缺事證足認老人有受繼續不法侵害之危險，而駁回保護令之聲請。目前老人已由次女接回同住，安全問題暫時應無疑慮。社工員至新住所訪視，居住環境尚良好，但地處偏僻，日間次女及女婿皆外出工作，僅留老人在家，仍擔心新住所會被長子發現。

針對此案例，社工員所面臨的問題至少有：（一）財產保護工作範疇與社工員的角色為何？（二）社工員需尊重案主自決，但老人的決定反覆，社工員又該從何著力？

以下提出建議與解析：

（一）保護老人的財產有助於穩定期晚年生活

老人的身體或心智狀況隨著年紀漸增而逐漸退化，致使無法處理個人財務而容易淪為不法人士惡意侵害；或子女強迫老人處理財產、分配家產等造成家庭爭產糾紛，而損害老人應有的穩定生活。為避免老人因財產遭受侵害而危及

晚年的生活和照顧，社工員應提供有關財產處理的相關訊息如財產信託、預立遺囑等，協助老人做好財產管理；同時若知悉老人財產受侵害，應立即給予協助並連結相關的法律資源進行必要之行動。

（二）家庭功能的維繫及建構支持網絡

社工員的角色除了是直接服務提供者之外，還有資源連結者及支持網絡發展者的角色。本案的案長子其精神方面的疾病未持續接受治療及服藥，同時也是需要有服務介入者，可提醒案家其他成員對其給予支援及協助，並建構當地鄰里支持系統共同關心訪視，提供可就近求助的資源，以減輕案主之憂慮。

（三）尊重老人自主選擇的權利

社工員應尊重並增進案主自我決定的權利及自我選擇的能力，並協助案主確認和澄清他們的目標。然而案主的自決權利與保護的責任之間如何取得平衡，必須取決於老人的行為能力來判斷是否可行。社工員對於所謂的案主自我決定或選擇，應視為是一種幫助老人理解問題、界定問題、發現資源、共同擬定處置目標進而解決問題的歷程，絕非未善用專業之評估判斷而凡事都由老人自己做決定。

至於法律上的提醒是：整合老人保護資源以提供完整保護。老人遭長子長期威脅，聲請保護令；因礙於親情、恐嚇而不敢完整陳述，也因不諳法令規範而無法詳實舉證，故保護令遭駁回。老人保護之主責社工員，就老人保護令之聲請，得參考「家庭暴力事件被害事實一覽表」格式，提供家庭暴力被害人事實之完整陳述與舉證，避免因未完整舉證，導致錯失保護令之核發，甚且衍生家暴相對人氣焰高漲。相關家暴防範作業，可洽詢各縣市家庭暴力防治中心，提供必要之法律資源，以保障老人免於家暴的迫害。

最後，老人的身體或心智狀況隨著年紀漸增而逐漸退化，致使無法處理個人財務而容易淪為不法人士侵害；或子女強迫老人處理財務、分配家產等造成家人爭產糾紛，而損害老人應有的穩定生活；或家中成員過度依賴老人的財產，以致老人失去其經濟自主。然而隨著家庭結構的改變、扶養負擔的增加，老人期待由子女奉養作為主要經濟來源之情形減少，如何維護老人經濟安全，保障其能管理並運用自己的財務以延長自主獨立的狀態，是未來老人保護的一

大課題。為避免老人因財產遭受侵害而危及晚年的生活和照顧，社工員扮演諮詢者的角色，提供相關訊息並協助老人做好財產管理，同時若知悉財產受侵害，應立即給予協助並連結相關的法律資源進行必要之行動（吳玉琴、許少宇，2012）。

參·考·書·目

一、中文部分

中華民國老人福利推動聯盟（2010）。**老人保護案例彙編**。

中華民國老人福利推動聯盟（2011）。**老人保護案例彙編 II**。

王德睦、呂朝賢（1997）。人口老化與貧窮。載於孫得雄、齊力與李美玲（主編），**人口老化與老年照顧**。臺北市：中華民國人口學會。

吳玉琴、許少宇（2012）。頤養天年的盼望：老人保護社工面對的生命故事。**社區發展季刊**，137，52-58。

李宗派（2006）。人口老化與其變遷趨勢之探討。**臺灣老人保健學刊**，**2(1)**，1-32。

傅從喜（2012）。**我國老人經濟安全保障體系之檢視與未來展望**。臺灣因應高齡社會來臨的政策研討會。

楊靜利、黃于珊（2009）。台灣老年經濟保障制度簡介。**台灣老年學論壇**，**3**，1-12。

鄭麗珍（2012）。理財教育與老年經濟安全準備之城鄉比較。**人文與社會科學簡訊**，**13(2)**，107-115。

勞動勞工保險局（2017）。**1. 有參加農保，以後可以領老農津貼嗎？要怎麼申請？每個月可以領多少錢？**下載日期：2017 年 6 月 23 日，取自 http://www.bli.gov.tw/sub.aspx?a=UWjhYSc6nm0%3d

衛生福利部（2014）。**102 年老人生活狀況調查**。臺北市：衛生福利部。

二、英文部分

Mccallion, P., Ferretti, L., & Park, J. (2013). *Financial Issues and an Aging Population*. In Birkenmaier, J., Sherrande, M. & Curley, J (eds.) Financial Capability and Asset Development. NY: Oxford University Press.

債務議題與社會工作

羅光華

壹　前言

　　教育部國語辭典中，對債務的釋義是「負有以勞力或金錢償還之義務」，既然是義務，「欠債還錢，天經地義」似乎也是理所當然。然而在現在的金融與司法制度中，債務的成因、引發的社會問題早已無法用如此單純的角度看待，債務的處理也變成極為專業與複雜的一門課題。

　　過去社工比較少積極介入案家的債務問題，社福制度上也欠缺了處理債務問題的服務資源，而法律跟金融系統基本上將債務處理當作是一門賺錢的生意，在獲利的前提下，往往將已經陷入困境的債務人視為代宰羔羊。

　　2005 年的卡債風暴引發的債務人自殺潮，終於引起媒體的關注，讓債務問題浮上檯面，政府也從金融秩序、法律制度、社會救助等領域採取某些因應措施，而 2007 年通過的《消費者債務處理條例》（以下簡稱《消債條例》）與財團法人法律扶助基金會（以下簡稱法扶會）的免費法律服務似乎讓債務人終於有了一個較為合理的處理債務的機制與管道，但迄今實務運作上仍問題重重，債務人走投無路自我了斷的新聞依舊屢見不鮮。

　　這個章節我們將焦點放在社工／社福系統如何理解債務、協助債務人面對債務衍生的法律、生活問題。一開始有幾個提醒：

一、多重債務的複雜性

　　許多的債務人在負債的過程中，往往是經過多年的挖東牆補西牆，累積了卡債、親友借貸、合會、甚至是地下錢莊和各種恐有涉及詐欺之虞的「調現金」的手段（如刷卡換現金、買車換現金、辦門號換現金等），導致產生了多重的債務問題、涉及各種刑民事的法律關係，嚴重影響正常的生活。

　　如果只是單一的債務，或許尚並不難以理解及處理，但若背負了多重負債，不同的債務有不同的法律關係與還款壓力，即便有法律或金融專業資源協

助，債務人也常常在不同債務的交錯影響下，難以釐清問題與做出正確決定。

　　筆者在與債務人討論債務與生活狀況的過程中，常常會有一種「為什麼會一錯再錯、把自己逼到這個地步」、「如果我是你、我現在也不知道該怎麼辦」的無力感，而這也是許多債務人最真實的處境。

二、債務隱含的道德壓力

　　社會大眾對於債務的成因，多會直覺歸咎於個人理財不當、奢侈浪費、不夠努力，對債務人持負面的觀感。欠債已經是不道德的，欠債不還（即便是還不起）更是罪大惡極。

　　道德壓力也常常被債權人拿來當作除了法律程序外的討債重要手段，從親友、銀行、資產管理公司、暴力討債集團都把「欠債還錢、天經地義」當作口號，不斷給予債務人譴責與壓力，往往讓債務人陷入自我價值貶低、對人生徹底絕望的情境。

　　而當我們一直鼓勵債務人面對債務、處理債務，善意地期待債務人能回到社會正軌時，若不能對於債務背後的社會結構因素、債務人在負債過程中各種非理性判斷、或沒有其他選擇下所犯的錯誤多一些理解，其實也很容易對債務人產生負面觀感、甚至對債務人傳達出「欠債、躲債是不對的」這樣的訊息，可能會更加深債務人的罪惡感。

三、因利息導致債務持續擴大、怎麼都還不完

　　債務處理的困難之一，是利息會不斷累積導致債務總額迅速擴大。以信用卡為例，即便不管契約中的違約金、手續費等名目，光是循環利息就已逼近法定最高年利率 20%（自 2015 年 9 月 1 日起信用卡之循環信用利率調降為不得超過年利率 15%）。舉例而言，若債務人在 2001 年積欠了約 20 萬的卡債沒有能力償還，擱到 2016 年再來處理，本利合計可能已經超過 300 萬。這時如果再拖一年、又會增加 45 萬的利息變成 345 萬，之後再拖一年，又會增加近52 萬，每年債務增加的速度可能都已經超過債務人的年收入。

　　債務的另一個特質是只要債權人在法律程序上不犯錯、債務基本上並不會

有時效消滅的問題，可以依法一直追討到債務人過世，然後再以繼承的名義向家屬追討。有時債權人（尤其是銀行、資產管理公司）會靜靜等待，直到債務人找到工作、開立金融帳戶、繼承遺產（即便辦理拋棄繼承也可能會被告）、或是領取各種保險給付的時候突然採取法律行動，這時債務人在法律上幾乎沒有對抗的空間。

想要還債、收入卻跟不上利息增加的速度，債只會越還越多；想要躲債、可能一輩子都得提心吊膽，還要擔心會不會拖累家人。

四、制度侷限與資源匱乏

雖然近幾年來因為《消債條例》施行、《民法》繼承編的修訂、支付命令的修法等讓許多債務問題的處理出現一絲曙光，但實務上還是有許多債務無法透過法律處理與解決，這時債務人只能選擇先躲債、避債，學習如何與債務共存，想辦法先活下去。

另外一個問題是處理債務問題的服務資源的不足，尤其是對於教育程度不高、能力較弱的個案而言，若沒有人從旁協助，很可能會因為錯誤判斷、延誤處理時機、或是選擇逃避而讓債務問題惡化。

債務人長期處在一種四處碰壁、求助無門的狀況，甚至往往在急迫中掉入更多金融與詐騙的陷阱中，當社會大眾指責債務人逃避問題的時候，我們是不是也應該思考有沒有給予債務人必要的協助、制度上有沒給予債務人重生機會與希望。

貳　債務處理的法律程序與問題

債務的追討在法律上必須經過一定的程序，常見的情況簡化如圖 10-1：

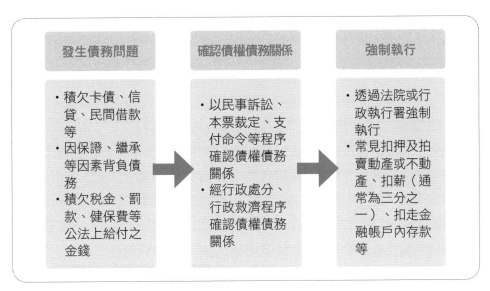

發生債務問題	確認債權債務關係	強制執行
・積欠卡債、信貸、民間借款等 ・因保證、繼承等因素背負債務 ・積欠稅金、罰款、健保費等公法上給付之金錢	・以民事訴訟、本票裁定、支付命令等程序確認債權債務關係 ・經行政處分、行政救濟程序確認債權債務關係	・透過法院或行政執行署強制執行 ・常見扣押及拍賣動產或不動產、扣薪（通常為三分之一）、扣走金融帳戶內存款等

● 圖 10-1　簡化版的債務追討法律程序

　　若從債務人的角度來看，處理上常見的因應方式有：

一、否認全部或部分的債務

　　面對被追討債務時，我們常常直接想到怎麼清償，但卻忽略掉債務本身可能就是有問題的。比方說信用卡是被盜用而導致積欠卡債、附卡對於正卡的連帶保證是否有效、保證債務的對保過程有無瑕疵、繼承的債務是否在修法後可以免除的範疇、本票是在暴力脅迫下簽立可能無效等，這時債務人或許該考慮的是透過適當的訴訟程序來否認債務存在。

　　另外常見的是本金與利息的金額被灌水。有的債務人曾經部分還款、或曾被強制執行扣過薪資及存款，但債權人卻依然持一開始的借據、本票❶向法院起訴或聲請支付命令，這時債務人若沒有在法律程序上採取回應，就會成為「法律上的事實」，導致背負不合理的債務金額。

---

❶　根據《票據法》第 3 條，稱本票者，謂發票人簽發一定之金額，於指定之到期日，由自己無條件支付與受款人或執票人之票據。由於本票制度近年來常遭地下錢莊、詐騙集團濫用，政府將修改《票據法》，限縮聲請強制執行本票的範圍。

如果要否認債務或爭執金額，重點在於債務人能不能在適當的時機與法律程序上採取正確的作為，如聲明異議、提起確認債權不存在或債務人異議之訴等等。

二、在強制執行過程中提出異議、停止執行

「強制執行」係指國家機關（民事法院或行政執行署）經由債權人的聲請，透過國家公權力之運用，強制債務人履行義務，以實現已確定之債權（如民事確定判決）的行為。常見的做法如拍賣不動產、強制扣薪、對於金融機構存款執行等。

當收到執行命令時，債務人可以朝兩個方向思考：

（1）債務本身是否有問題。比方說債務根本就已經清償了，卻還是收到法院執行命令，這時可能要聲明異議，必要時可供擔保以停止強制執行，並提起確認債權不存在等訴訟。

（2）對於強制執行的標的（如薪資、存款）是否有《強制執行法》第52、122 條得聲明異議的理由。例如扣薪三分之一將導致債務人之家庭不能維持基本生活，可以向法院聲明異議請求降低扣薪比例或停止執行；若被執行的帳戶存款是低收入戶生活補助、身心障礙生活津貼等社會救助之補助或津貼，依據《強制執行法》122 條的規定是不得強制執行的，這時也可以立即與執行法院聯繫、提出相關證明要求撤銷執行。

《強制執行法》

第 52 條　查封時，應酌留債務人及其共同生活之親屬二個月間生活所必需之食物、燃料及金錢。

前項期間，執行法官審核債務人家庭狀況，得伸縮之。但不得短於一個月或超過三個月。

第 122 條　債務人依法領取之社會福利津貼、社會救助或補助，不得為強制執行。

> 債務人依法領取之社會保險給付或其對於第三人之債權，
> 係維持債務人及其共同生活之親屬生活所必需者，不得為
> 強制執行。

資料來源：《強制執行法》（民國 103 年 6 月 4 日）。

三、以《消債條例》處理債務

當債務人已不能清償債務或有不能清償之虞時，可以依 2008 年 4 月起施行的《消債條例》所定更生或清算程序來清理其債務，讓債務人有脫離債務重生的機會。《消債條例》有三個主要程序：「前置協商或前置調解程序」、「更生程序」及「清算程序」，簡述如下：

1. 只要是對銀行、信用合作社等金融機構積欠債務，債務人就必須先和債權銀行進行前置協商，或向債務人住、居所地之法院或鄉、鎮、市、區調解委員會提出調解聲請，但若債務人只有積欠非銀行的債權人則可直接聲請更生或清算。

    協商或調解如果成立，債務人就依照其結果來清償債務。若不成立、則再考慮下一步是否聲請更生或清算。

2. 「更生程序」是指由債務人提出一個為期六年（必要時得延長二年）、至少每三個月還款一次的更生方案，經法定程序由法院認可後、債務人只要依照方案履約完畢，除了不免責債務（如罰金、扶養費、因侵權行為所生之損害賠償等）外，就當然免除其他債務（當然免責）之制度。

3. 「清算程序」是將債務人的財產全部拿出來變現，由法院或管理人分配給全體債權人。清算完畢後，必須法院裁定免責後，債務人才能免除其他債務，如果法院裁定不免責，則債務人對其餘債務仍然要負清償責任。另外，債務人最後還要聲請並經法院裁定復權後，才能回復因開始清算而喪失的公、私權利或資格。

《消債條例》對一般債務人而言，除了法律概念理解不易之外，在實際操

作上也是非常繁瑣與困難。尤其在施行初期，因為法律程序繁雜冗長、實務見解對債務人不友善等因素，更生認可及清算免責的比率極低，導致債務人普遍對這個解決債務的途徑失去信心。

《消債條例》在 2012 年經過修正後，更生認可及清算免責的比率大幅提高，但許多債務人依然不知道「債務是可以處理的」，也不知道法扶會有提供免費的律師來協助債務人進行法律程序，導致依然陷在債務漩渦中無法脫身。

司法院網站的消費者債務專區、法扶會網站的消債一點通專區有提供許多相關資訊可以參考，但如果沒有很好的法學基礎與訴訟實務經驗，《消債條例》並不是很容易理解，如果想要自己聲請更生或清算也非常困難。

《消債條例》三讀通過時，不少從事金融及法律相關的工作者將協助債務人處理債務、向法院聲請更生清算的工作視為一片新藍海、紛紛投入來爭食這塊大餅。提供專業服務、使用者付費原本無可厚非，但債務人本身已經濟困難、又怎能負擔得起動輒數萬元起跳的高額代辦費用？加上代辦業者良莠不齊，為了爭取業務往往大開空頭支票、給予債務人不合理的期待，債務人在急迫下很容易掉入不肖業者的合約陷阱，最後不僅付了高額的代辦費用而債務沒有解決、還衍生出更多糾紛。

目前想要透過《消債條例》處理債務的債務人，法扶會可以提供受過專業訓練的消債專科律師來免費服務，過程中法院徵收的聲請費與各項規費也可向法扶會申請代為支付。雖然法扶會沒有像許多代辦業者做到派員到府服務，也不敢亂承諾「保證一定可以解決債務」，但建議債務人務必要理性判斷，不要輕信代辦業者的業務手段。

四、特殊債務類型與及其注意事項

（一）合會（標會、互助會）

　　合會是民間一種儲蓄及融資的方法，想儲蓄的人藉此累積資本、賺取利息，而有資金需求者透過合會可以取得融資。對於經濟弱勢者而言，合會往往有著莫大的吸引力，主要原因有下列幾項：

1. 合會作為一種投資理財工具，除了可以強迫儲蓄、利息又高外，還不用繳稅，投資報酬率相當高。另因合會的資金往來不易被查出，還可以輕易規避資產審查而保有福利身分。
2. 經濟弱勢者通常不熟悉現代複雜的金融理財工具，也不是銀行理專想要推銷的對象，合會相對而言簡單易懂。
3. 若本身有一筆資金需求，但因信用不佳、無法從金融機構借貸金錢，合會幾乎沒有門檻限制，不需要信用證明，甚至有時連身分證件都不用就可以派上用場。
4. 合會多是由親友、鄰居、同事之間組成，也可說是一種累積人脈與信用的社交活動。

　　由於合會是一種建立在人際網絡的信任基礎上的制度，因此一旦發生周轉不靈或惡意詐欺而「倒會」的情況，衍生的債務問題就不能單從法律的角度來解讀。倒同事的會、在公司或業界怎麼待得下去？倒鄰居的會、在社區中怎麼生活？倒親友的會、家人之間可能反目、親友間的支持網絡很可能就此瓦解。

　　而若是想要儲蓄或賺取利息卻被倒會的一方，通常還會有信任崩壞以及求償無門的憤怒情緒。民事訴訟程序曠日廢時又通常拿不回損失、提告刑事詐欺來「以刑逼民」也不容易成立，最後常見以自力救濟的方式，透過人際網路施予各種壓力來追討債務，有時這樣的討債方式反而會對債務人產生極大的心理壓力，比法律訴訟更難以承受。

　　司法系統對於債務雖然都有其一定的處理程序、無資力者也可以尋求免費的法律扶助，甚至因倒會而積欠的會款也可以適用《消債條

例》來處理，但現實上，法律的實質的功能與運作卻往往不如一般民眾的預期。

（二）繼承債務（背債兒）

過去父母在身後留下大筆債務，但子女未於法定期間內拋棄繼承，因而產生背負龐大債務之「背債兒」的問題，因此在 2009 年《民法》繼承編已將繼承修正為限定責任繼承。所謂限定責任繼承，是指繼承人以所得遺產為限、來對被繼承人的債務負清償責任，理論上新法施行後將不會有新的背債兒出現。

另新法施行前已經發生的背債兒問題，在同年《民法》繼承編施行法修正時，罕見地採取了有違一般法律原則的「溯及既往」的規定來作為解套的方式，但條文中「繼承人於繼承開始時為無行為能力人或限制行為能力人，未能於修正施行前之法定期間為限定或拋棄繼承，以所得遺產為限，負清償責任。但債權人證明顯失公平者，不在此限」、「繼承人因不可歸責於己之事由或未同居共財者，於繼承開始時無法知悉繼承債務之存在，致未能於修正施行前之法定期間為限定或拋棄繼承，以所得遺產為限，負清償責任。但債權人證明顯失公平者，不在此限」等規定，實務上如何認定何謂「顯失公平」與「不可歸責於己」，訴訟程序上又如何操作來免除債務，仍是一項不容易的工作。

繼承債務（背債兒）的問題，在 2009 年修法後已經有了解套的可能性，然而實務上仍時有發現因繼承了債務的「背債兒」在成年後依然被追討債務而陷入困境，或仍然過著躲債的生活，無法正常生活與工作。

一方面是因為債務人的觀念仍停留在相關法律的修訂之前、完全沒有解決方式的年代，另一方面法律實務運作上仍需依個案狀況來評估該採取何種救濟途徑，也需要專業資源提供訴訟的協助。

如果您遇到背債兒的問題，請務必轉介至法扶會提供協助。

（三）用預支或分期付款方式購物、轉賣物品後套現衍生的債務與刑責

　　網路和報紙分類廣告上充斥著「刷卡換現金」、「買車換現金」這類的資訊，並強調「完全合法」、「手續簡便、到府服務」，當有人急需一筆資金周轉時，很容易就被吸引。這些調現金的方式真的如廣告上所說的完全沒有問題嗎？

1. 刷卡換現金

　　信用卡的設計是用來支付消費款項，而不是拿來預借現金的，當持卡人還有信用額度，又需要一筆現金周轉時，刷卡購物後，再把物品賣出，就可以達到取得現金的效果，但若是持卡人與詐騙集團合作「假消費、領現金」，就有被刑事追訴的可能。

　　現在「刷卡換現金」的業者為避免被控詐欺，多採取「真消費、再轉賣」的方式來規避刑責。購買的物品多為價高、轉手損失低的菸酒，從跟持卡人收取的手續費（約一成）和轉賣的價差損失中套利。

　　　　若持卡人有實際的消費行為，即便日後沒有還款，也多僅止被認定為消費借貸的民事責任，詐欺成罪的風險並不高。

　　　　但持卡人若日後要向法院聲請更生或清算，這種看起來像是奢侈浪費的高額消費要怎麼向法院解釋就是大問題了。若曾有此種行為的持卡人在聲請更生清算時，務必主動誠實告知協助辦理的法扶律師，討論如何因應，以避免在法律程序中遭受突襲，產生不利的後果。

2. 買車換現金

　　「買車換現金」是在購買車輛時辦理分期付款，取得車輛後立即轉賣，以取得價金的手法。由於代辦業者要抽成、車輛轉售有價差損失、貸款及過戶等又要收手續費等，七折八扣後可能拿不到原本車價的一半，但卻要背負全額的貸款。

另一個常見的問題，是許多代辦業者在轉售車輛後根本不會辦理過戶手續，讓車籍繼續掛在最初的購車者名下，結果車子是他人在用，稅金和罰單還是名義上的車主要繳。

最糟的是如果貸款沒有按時繳交，通常還會被提供分期付款的銀行或汽車融資公司提告詐欺。代辦業者和分期付款購車者通常會被認定是詐欺的共犯，而且成罪的可能性不低，但業者通常事後都抓不到，而掛名購車換現金者不僅要負擔高額的貸款，還很可能會背負刑責。

> 一旦面臨追繳貸款的時候，單從法律上來評估，最有利的方式是想辦法按期繳交車貸，這樣銀行就不會提出告訴，購車者僅有金錢損失而不會涉及刑事責任。
>
> 但會「買車換現金」的人通常就是缺錢，也沒有正常管道可以再借貸，怎麼可能繳得出來？這時要認罪請求輕判，還是「再想辦法找一筆錢」先解決眼前的問題呢？許多債務人就是在這樣的情境下越陷越深，甚至被地下錢莊、詐騙集團吸收利用而難以回頭。

3. 辦門號換現金

與「買車換現金」的手法類似，藉由辦理門號合約時取得的手機費補貼來套現。同樣是讓代辦業者、通訊行賺走了錢，而辦理門號的人只能拿到一個門號約 1,000-3,000 元的現金，卻簽下了可能長達兩年的電信合約，要負擔高額的月租費。日後若是違約，除了面臨催繳及停話外，也有被追訴刑事責任的風險。

另一種包裝在「辦門號換現金」的詐騙手法，是代辦業者取得門號後會將 sim 卡轉賣給犯罪集團使用，屆時申辦門號者不光只是積欠電信費用的問題，而是很可能會吃上官司。

門號若被詐騙集團使用，除了可能會變成詐欺幫助犯，還得負擔詐騙受害人的民事損害賠償責任。筆者曾遇過一名 sim 卡被轉賣給販毒集團的受害人，就因此成了重大刑案的犯罪嫌疑人被法院裁定羈押了三個月，即便後來證明他

並無涉及販毒而獲釋，但因為自己轉售門號的行為被認定與有過失，也申請不到冤獄賠償。

> 　　天下沒有白吃的午餐。這些「調現金」的手段背後往往藏著極大的成本與風險，但套句臺北市市長柯文哲的話：「如果你沒有更好的方法，那這個爛方法就是最好的方法」。
>
> 　　或許在我們看來這些做法很不聰明，有時明知是陷阱還要往下跳，但對於有不得已的苦衷、急需調到現金的人而言，又還能有什麼其他的選擇呢？欠電信費、欠車貸總比欠地下錢莊要好吧？

（四）地下錢莊（高利貸放）

警政署網站中對於地下錢莊的定義是違反《刑法》第 344 條重利罪規定，乘他人急迫、輕率或無經驗貸以金錢或其他物品，而取得與原本顯不相當之重利者。而所謂的重利，多是以《民法》第 205 條的年利率上限 20%為判斷標準。

《民法》

第 205 條　約定利率，超過週年百分之二十者，債權人對於超過部分之利息，無請求權。

《刑法》

第 344 條　乘他人急迫、輕率、無經驗或難以求助之處境，貸以金錢或其他物品，而取得與原本顯不相當之重利者，處三年以下有期徒刑、拘役或科或併科三十萬元以下罰金。前項重利，包括手續費、保管費、違約金及其他與借貸相關之費用。

第 344-1 條　以強暴、脅迫、恐嚇、侵入住宅、傷害、毀損、監控或其他足以使人心生畏懼之方法取得前條第一項之重利

> 者，處六月以上五年以下有期徒刑，得併科五十萬元以
> 下罰金。
> 前項之未遂犯罰之。

資料來源：《民法》（民國 104 年 6 月 10 日）；《刑法》（民國 105 年 11 月 30 日）。

地下錢莊當然不會自稱是地下錢莊，而是通常隱身在民間融資的個人或公司、當鋪、代書、代辦公司、理財顧問等各種名目之後。債務人辦理借貸時不僅要負擔高額循環的利息（常以七日、十日等短時間的計息方式來混淆實際上超高的年利率）、開辦手續費，往往還會要求簽立高額（甚至是空白）的本票做擔保、或要求親友保證等，作為其日後方便討債之用。這個過程中即便借款人心生疑慮，但當親友、銀行都已借不到錢、又周轉不靈急需一筆現金時，對於唯一願意張開雙臂的地下錢莊也只有全盤配合了。

而當債務人沒有能力還款時，地下錢莊除了暴力討債、逼良為娼這類傳統的手法外，也常見逼迫債務人配合以其名義開立空頭公司、辦理門號或金融帳戶、製作假薪資證明向金融機構貸款等方式，作為逃漏稅、詐欺、洗錢等犯罪行為的工具，一旦日後案件爆發被追訴責任時，債務人很難逃脫一定程度的刑民事責任。

比較極端的是地下錢莊以意外險理賠作為手段，先幫債務人投保高額的意外險，再製造假意外詐領保險金。這時債務人除了面對生命安全的威脅外，若還能保住一條命，也可能要背上詐欺共犯的刑責。

遭受高利貸放或暴力討債，警政署網站上的建議是應保全證據，並迅速向警察單位（如分局偵查隊、派出所、分駐所）報案，或撥打報案電話「一一〇」、「1996 內政服務熱線」。除了涉嫌重利罪外，也常見警檢以討債過程中的妨礙自由、恐嚇、傷害等行為，或以《組織犯罪防制條例》等案由來對地下錢莊業者進行偵辦。

此外，若地下錢莊以借據或本票等透過民事訴訟途徑追討債務時，對於利率超過週年百分之二十者，超過部分之利息是無請求權的，這時務必尋求法律扶助以採取適切的訴訟方式來因應。

參　債務處理的法律服務資源

　　債務處理不可避免觸及艱澀的法律專業、亟需法律資源的協助，然而這也是許多債務人心理上、財務上難以跨過的門檻。目前免費的法律服務系統已較過去一般民眾印象中豐富許多，也是社工／社福系統重要的轉介、合作資源。

一、財團法人法律扶助基金會

　　法律扶助，乃指對於需要專業性法律幫助而又無力負擔訴訟費用及律師報酬之人民，予以制度性之援助，以維護其《憲法》所保障之訴訟權及平等權等基本人權（http://www.laf.org.tw/index.php?action=about）。依據 2003 年立法院三讀通過的《法律扶助法》、由司法院捐助成立的「財團法人法律扶助基金會」在全國各縣市有二十二個分會，年度預算已達到約十億的規模。法扶會的服務內容及範圍：

（一）免費法律諮詢

　　為提供便捷與即時的法律諮詢，以期讓民眾能在發現問題初期得到正確的資訊，法扶會提供多種法律諮詢的管道。

電話法律諮詢	全國專線： 412-8518 轉 2（市話可直撥，手機請加 02） 服務時間： 每週一至週五上午 9 點到 12 點 30 分、下午 1 點 30 分到 5 點，每通電話限時 15 分鐘。	雖然便利，但電話中溝通較不易、加上無法看到書面文件，較難給予明確的回覆。

現場法律諮詢	與律師面對面，由律師提供現場法律諮詢，每位民眾限時 20 分鐘。 法扶全國各地分會另提供當地法律諮詢駐點服務，透過法扶官網可查詢全國法諮駐點清冊、亦可直接線上預約。	因需要預約，若案件較為緊急，建議先以電話諮詢避免發生超過法律時效等問題。
視訊法律諮詢	透過電腦視訊系統，與律師會面，提供視訊法律諮詢，每位民眾限時 20 分鐘。	針對律師資源較為不足，或是離島及偏鄉地區。

可參考法扶會官網說明：http://www.laf.org.tw/index.php?action=apply&cid=183

（二）免費法律文件撰擬，訴訟、非訟、仲裁及其他事件之代理、辯護或輔佐

　　若需律師協助撰擬文件或訴訟代理等，可就近向各地法扶分會提出申請。符合資格者（法律案件要有道理、財產及所得在一定額度以下）由法扶會指派律師提供免費服務。

　　　2015 年 7 月起，債務人若要依《消債條例》清理其債務，申請法律扶助時無需審查其資力；2016 年 5 月起，法扶會更進一步將消債案件申請流程簡化、標準放寬。2016 年 1 月至 7 月法扶會受理了 3,397 件消債案件，其中 98.7%准予扶助，遠高於其他案件不到七成的准予扶助比例。

　　　簡言之，只要債務人有意願處理其債務，向法扶會提出申請，就會有免費的律師協助其進行協商／調解、更生清算等法律程序。

（三）訴訟必要費用的支付

如為法扶會訴訟代理之案件，其聲請費、裁判費、鑑定費等訴訟必要費用可向法扶會申請。另若有假扣押的需要，亦可向法扶會申請出具保證書來取代擔保金。

（四）律師服務品質維護與爭議處理

扶助律師是法扶會服務申請人的核心，為確保扶助品質，保障受扶助人權利，法扶會訂有辦理扶助律師評鑑應行注意要點及申訴處理要點，供為對扶助律師進行申訴調查及評鑑之依據。

另若扶助過程中案件當事人與扶助律師間有任何爭議，也可以由法扶會的案件承辦人（法務專員，角色類似個案管理員）協助處理。

二、行政機關、大學法律相關科系、民意代表、律師事務所等提供的免費法律諮詢服務

雖然不免有城鄉差距、資源不平等的現象，但隨著近年律師錄取率提高、律師人數激增，要取得免費法律諮詢的資源已較過去容易許多。法務部網站中整理了公部門為主的法律諮詢清單可供參考，另建議社工可主動搜尋自己服務範圍內是否有其他法律服務資源，建立自己的法律資源清冊、聯繫窗口，甚至自己機構的友善律師資料庫，以在緊急狀況下得取得立即的協助。

> **小提醒**
>
> 1. 免費法律諮詢的主要功能，在於初步判斷法律關係、可能的處理途徑、時間上是否急迫、可以尋求什麼資源和協助。簡單的案件或許可以經由諮詢後自行處理，但不能期待在短短的諮詢時間內教會當事人自己寫狀紙、打官司。
>
> 2. 許多律師會提供免費法律諮詢服務的目的之一，是可以接觸到有法律需求的民眾，之後就有接案的機會。有時律師在給

> 予初步法律意見後，會明示或暗示諮詢民眾自己可以接案，甚至直接開價。建議大家在提供免費法律諮詢的資源或轉介案件時，務必要注意此種可能性，最好是能夠有機會陪著案主去諮詢，不僅可以加強自己的法律知能、更瞭解案主的法律問題、協助案主與律師溝通，也有機會可以建立自己的友善律師資料庫。

三、法院訴訟輔導服務

依據「法院訴訟輔導科為民服務實施要點」，高等法院以下各級法院設有訴訟輔導科辦理為民服務與訴訟輔導事項，通常辦公處就設於院內公眾出入之明顯處所，並採行櫃檯化作業。

四、網路資源

網路有其即時與便利性，資訊也非常豐富，作為初步瞭解法律問題的管道確實很有幫助，但缺乏完整法律概念的人自己解讀難免有誤判的風險，且許多網路資訊是否正確也有疑問。

另部分提供網路資訊者其實是藉此招攬業務的業者。當債務人在網路上輸入「卡債」、「消債條例」等文字搜尋相關資訊等，第一眼看到的往往是網頁最上方的購買關鍵字廣告、強調是合法立案的社團法人、公益團體，甚至用「法協」、「法輔」、「公益輔導」等免費法律服務的包裝，先引君入甕再收取高額代辦費用的業者。網路陷阱多，使用者不可不慎。

五、卡債受害人自救會

《消債條例》施行初期，由於法院效率不彰、實務見解嚴苛、駁回比率極高等因素，讓卡債族在司法程序中飽受折磨。2009 年一群曾獲法扶會服務的卡債受害人在林永頌律師等人的協助下，成立了臺灣第一個卡債族自救團體——「卡債受害人自救會」，以「卡債受害人團結自救，爭取債務人生存權，

健全社會公平正義制度」為宗旨，積極推動卡債族服務及推動《消債條例》等相關制度及法令的修訂。

　　目前自救會在臺北、臺中、高雄都有定期的聚會及律師進行消債案件諮詢，官方網站（http://debtorstw.org/）也有最新的《消債條例》實務運作資訊與修法訊息，而更重要的意義是透過有相同處境的卡債族之間相互扶持與鼓勵，有時更能夠給予卡債族重新站起來的力量。

肆　社工／社福系統如何面對／協助債務處理

一、傾聽與理解債務人的困境

　　債務的來源不管是長期生活入不敷出，或是遭逢疾病、意外、被詐騙、失業、生意失敗、擔任親友或公司保證人等，當債務人被逼到連基本的生存條件與空間都沒有的時候，談理債、還債根本是緣木求魚。

　　法扶會的「消費者債務成因與生活狀況調查研究」（吳宗昇，2010）中指出，債務人在金錢收支不平衡下，若要還債往往需要銀行或親友繼續借款才能維持周轉，但努力「維持周轉」的結果卻可能是債務坑洞越補越大、債務總額因為利息累積不減反增，甚至為了急於周轉而掉入許多詐騙陷阱。而社會網絡的破壞，如家庭失和、親友不來往、職場關係也因薪資被強制執行或被催債而受到影響，包括能力及形象受質疑、甚至雇主明示或暗示要求債務人主動離職。最後，債務人的生活陷入一團混亂，最終的表現就是經濟能力滑落與債務持續增加，隨之而來的往往是身體健康及精神狀況變壞，產生憂鬱症或輕生的念頭等，然後繼續往下滑落、一再惡性循環。

　　當我們試著聆聽、理解他們一路走來的過程，將會發現社會大眾對於債務人普遍存在的「不負責任」、「奢侈浪費」等負面印象是多麼不切實際與殘忍。

二、給予心理建設與支持

債務處理絕不是件輕鬆簡單的事。當債務人願意出來面對、試著要解決債務問題時，漫長的過程中若沒有足夠的心理準備與支持系統，很可能會在遭遇困難時退縮。

以《消債條例》的更生程序而言，從向法院提出聲請、協商／調解不成後提出更生方案、經認可後開始清償，平均就需要一年多的時間，而清償期間一般為六年、必要時得延長二年，這段漫長的時間內，債務人的心理、工作、生活與經濟狀況可能生變，若得不到必要支持與協助，債務問題很可能又會回到原點。

飯都吃不飽了還要還什麼債？

筆者在多年前法扶會辦理的債務人說明會上，聽到律師口中講出這句話時深受震撼。面對為了盡力償債而導致全家人三餐不繼的債務人，我們究竟是應該給予正面鼓勵，還是要建議他先把債務擱在一旁、把家人餵飽，待有朝一日有餘力時再來還債？

而如果今天債務人決定避債、躲債，我們能不能尊重他的決定，甚至給予協助？

三、協助債務人釐清收支與債務狀況

許多債務人在長期負債、避債的過程中，已經無法掌握自己的債務狀況。債務總額不清楚、債權人有幾個也不清楚，對於利息的累積與債權被轉賣也沒有概念，這時必須先協助債務人收集資料，方能進一步評估如何理債。

（一）向財團法人聯合徵信中心申請信用報告

包括「當事人綜合信用報告」與「金融機構債權人清冊」兩種。申請方式：

1. 自民國 104 年 11 月 1 日起提供「個人線上查閱信用報告服務」，可在聯徵中心網頁以自然人憑證即可快速查閱電子檔。
2. 郵局代收辦理。
3. 本人或本人委託親友至聯徵中心服務櫃檯辦理。

地址：100 臺北市中正區重慶南路一段 2 號 16 樓

洽詢電話：02-23813939#232

> **小提醒**
>
> 　　債權人清冊上的債務金額常常不準確，像是利息沒有算到最近幾年，或是部分轉賣出去的債權根本被疏漏未登載。另債務人一旦向聯徵中心提出信用報告的申請，金融機構債權人會同步得知訊息，甚至包含填寫在申請書上的聯絡地址、電話等，等於是提醒債權人啟動追討債務的機制。
>
> **建議**
>
> 1. 若債務人已躲債多年都沒有被追討，現在暫時也沒有打算主動處理，就不要申請信用報告自找麻煩。
> 2. 不想讓債權人得知的電話或地址，就千萬不要填寫在申請書上。若是直接到櫃檯辦理，電話及地址直接空白即可。

（二）透過法院訴訟資料協助評估債務狀況

　　理論上案件當事人應該會收到法院的裁定、判決等，但因為戶籍地無人收信等因素，許多債務人都已經被強制執行了都還不知道原因是什麼，這時通常需透過司法系統調閱資料後，才能進一步評估及處理。

1. 司法院網站的判決書查詢系統：以關鍵字（用姓名即可）檢索公開的裁判書，是最迅速簡便的方式，但不見得能查到完整的資訊。
2. 親臨法院訴訟輔導櫃檯查詢是否有案件繫屬在法院，必要時聲請閱卷。

> **小提醒**
>
> 　　上述兩點的操作其實不難，但對許多不熟悉網路、或對法院畏懼的債務人而言卻是很大的障礙，建議社工可協同債務人處理。收集相關資訊後，再尋求律師的協助會事半功倍。

（三）資產與其他債務的盤點與整理

　　要處理債務，需要對於債務人的生活收支、名下資產、所有債務一併考量，才比較能做出正確的評估與判斷。許多債務人會誤以為《消債條例》處理的只有卡債，而忽略了其他類型的債務，像是保證債務、學貸、信貸、房貸、親友間借貸等，但這些其實都在《消債條例》的處理範圍內，若在聲請更生時沒有考量這些債務，日後將難以提出合理可行的更生方案。

　　另一個常見的問題，是一開始沒有評估到國稅局「財產歸屬清單」上沒有列出的資產，像是保單、公司投資額等，也會導致後續處理債務的困難。

> **小提醒**
>
> 準備好下列資料再尋求法律扶助，會得到更迅速、正確的服務：
>
> 1. 向聯徵中心申請債權人清冊及個人信用報告。
> 2. 向國稅局申請個人的財產歸屬清單及近兩年所得清單。
> 3. 若有擔任公司負責人，請向國稅局申請近五年的營業稅單。
> 4. 債務相關文件及法院來函等。
> 5. 若有保單、債權人清冊上沒有列出的債務（包含民間借貸等）等，可列清單讓諮詢律師知悉，避免誤判。

　　本章附錄提供一個債務個案基本資料表作為範例，讀者可以依據此版本修正使用。

四、法律資源的連結、處理過程的陪伴與協助

當社工遇到有債務問題的案主時，除了提供案主法扶會的服務資訊外，建議應盡可能陪伴案主走過初期的債務處理過程，待確認案主與法扶律師合作沒有問題後再考慮結案。債務人在尋求法律資源協助時，有時會遇到下列狀況：

1. 債務人通常對於法律十分陌生、《消債條例》又充滿各種陌生的專有名詞與不確定的法律概念，需要有人耐心引導與解說。這原本應是律師的職責，但常見債務人與律師溝通時有壓力與困難，導致債務人可能一開始嘗試就心生挫折而打退堂鼓。

2. 消債程序需要準備的資料十分龐雜，光是一個「財產及收入狀況說明書」可能就需要債務人將自己的財產（如房屋、股票、車子及存款）、營業活動（如開計程車，有營業活動的話，並表明月營業額）、兩年內的收入之數額、原因及種類（收入指債務人可領取的基本薪資、工資、佣金、獎金、津貼、年金、保險給付、租金收入、退休金或退休計畫收支款、政府輔助金、分居或離婚贍養費或其他收入款項）、兩年內的必要支出數額、原因及種類（必要支出包括膳食、衣服、教育、交通、醫療、稅賦或強制性的保險如全民健保、農保、漁保、公保、學生平安保險支出）、依法應受債務人扶養之人之資料填寫清楚，試想如果是一個國中學歷、從事勞力工作、不習慣文字閱讀的債務人，對於準備這些資料會感到多麼無助。當然這也是律師（或律師的助理）應該要積極協助債務人做整理，但過程中若能有第三者的協助可大幅降低債務人的焦慮與困難。

3. 社工除了可以扮演案主與律師之間溝通、緩衝的橋樑，也有某種程度提醒與督促律師的功能。由於許多案主覺得已經是免費取得法扶律師協助（其實是國家編列預算給付律師酬金），加上對於律師專業權威的畏懼，即便案件進行過程中有遇到問題或困難，往往也不願、不敢提出。這時社工可以站在第三者的立場，協助案主向扶助律師或法扶會溝通，必要時並可代為向法扶會提出更換律師的要求或提出申訴。

不可避免地，確實有一些律師對於社會底層的弱勢者缺乏認識與同理心、對債務人也常存有成見。

筆者曾看到債務人在向律師諮詢時提到「我現在被扣薪三分之一生活不下去該怎麼辦」時，律師直接反問一句「欠債還錢天經地義啊，你有什麼理由可以不還」，債務人當場不知如何回應、淚水幾乎就要奪眶而出。

法扶會在 2016 年 9 月出版的「搶救債務／律師教育訓練手冊」中對於消債專科律師與債務人第一次會談的建議有下列五點：（一）替債務人做好心理建設、（二）瞭解債務人的背景狀況、（三）理解債務人的負債原因、（四）整理債務人的財產收支狀況、（五）解釋消債法律程序並耐心引導債務人，但是目前是否所有的法扶消債專科律師都能夠做到恐怕很有疑問，而過程中若有社工的參與和監督，或許可以讓現實更靠近理想一點。

五、案家基本經濟安全的維持

社會保險與社會救助用意在保障人民基本的經濟安全，這些津貼與補助不應是拿來清償債務之用的。《強制執行法》、《社會救助法》、《身心障礙者權益保障法》、國民年金及農勞保條例等都有相關給付與津貼不得作為抵銷、扣押、供擔保或強制執行之標的的規定，然而法律實務運作上仍不時出現差錯。以下為一個實際案例。

> **案例**
> 　70 歲的阿英與身障的兒子長期以來僅靠每月初匯入郵局帳戶的一萬餘元的低收補助與身障津貼過生活，但有次領錢時突然發現應該還剩下的八千元、下半個月的生活費竟然沒有了，詢問郵局說是已經被法院扣走。接下來該怎麼辦呢？

《強制執行法》第 122 條

債務人依法領取之社會福利津貼、社會救助或補助，不得為強制執行。

債務人依法領取之社會保險給付或其對於第三人之債權，係維持債務人及其共同生活之親屬生活所必需者，不得為強制執行。

《社會救助法》第 44-2 條

依本法請領各項現金給付或補助者，得檢具直轄市、縣（市）主管機關出具之證明文件，於金融機構開立專戶，並載明金融機構名稱、地址、帳號及戶名，報直轄市、縣（市）主管機關核可後，專供存入各項現金給付或補助之用。

前項專戶內之存款，不得作為抵銷、扣押、供擔保或強制執行之標的。

《身心障礙者權益保障法》第 17 條

身心障礙者依法請領各項現金給付或補助，得檢具直轄市、縣（市）主管機關出具之證明文件，於金融機構開立專戶，並載明金融機構名稱、地址、帳號及戶名，報直轄市、縣（市）主管機關核可後，專供存入各項現金給付或補助之用。

前項專戶內之存款，不得作為抵銷、扣押、供擔保或強制執行之標的。

資料來源：《強制執行法》（民國 103 年 6 月 4 日）；《社會救助法》（民國 104 年 12 月 30 日）；《身心障礙者權益保障法》（民國 104 年 12 月 16 日）。

　　法條寫得很清楚、低收跟身障補助是不能被執行的，但實務運作上仍常見下列問題：

1. 當上述補助或津貼匯入一般金融機構帳戶中變成存款時，債權人、執行法院、金融機構並不會主動查核存款的來源，導致仍有進入強制執

行程序的風險。

2. 雖然進入強制執行程序後,債務人在收到執行命令副本時可以趕快向
法院提出異議來撤銷執行,但實際上卻很可能出差錯:

(1)因為沒住在戶籍地等因素,債務人根本沒收到執行命令副本,或是
就算收到也不知如何處理,或在四處詢問的過程中延誤時機。試想
我們服務的案主中,有多少比例是有能力或勇氣在收到法院文件
後,立即拿起電話打給書記官詢問、積極準備相關證明文件在執行
程序終結前向法院撰寫及遞交異議狀?

(2)如果債務人在網路上搜尋資訊、或向提供法律諮詢的律師提出的問
題是「因為有欠債,存款被扣押及執行怎麼辦」,卻沒有提到這些
存款其實是社福補助或津貼,得到的很可能是「沒辦法」、「下次
不要再把錢存進帳戶」、「天天去刷簿子、錢一進來就立刻領光」
之類的答案。

(3)另外像是「以工代賑的薪資被扣押或執行三分之一」這樣的問題,
如果沒有考量以工代賑是來自於《社會救助法》第 15 條第 1 項「直
轄市、縣(市)主管機關應依需求提供或轉介低收入戶及中低收入
戶中有工作能力者相關就業服務、職業訓練或以工代賑」,是屬於
公法救助的性質而非一般的薪資、一樣是不得被執行的,就會得到
錯誤的解答。

要解決上述的問題,最根本的方式是依法檢具主管機關證明、申請開立低
收和身障補助專戶,如此一來就有一個不會被強制執行、可以安全請領補助的
金融帳戶可使用。唯經筆者於網路上搜尋,目前僅能查到南投縣有提供「南投
縣弱勢家庭申請(社政類)金融帳號為救助專戶免強制執行或扣押申請表」、
臺中市有提供「臺中市社會救助專戶申請表」之表格、臺南市曾發佈新聞說明
專戶申請方式並提供諮詢電話,其餘縣市幾無相關公開資訊。

筆者亦洽詢了多個地方政府社政主管機關及第一線服務的社工,但得到的
回應多是不清楚開立專戶的規定及程序,更遑論主動協助請領補助者開立專
戶。另一個莫名的障礙,是社政主管機關會要求案主先提出遭受強制執行或執

行扣押支付等證明文件才能開立專戶，而不是在通過補助申請時即可依法申請
以主動確保帳戶安全。這種被動、消極的態度，不僅與立法意旨不合，也造成
案主與社政機關自己的困擾。

　　前述阿英的案例，在低收補助被法院強制執行扣光後，因為生活無以為繼
又必須轉由社政單位提供緊急的經濟補助。而阿英一家在這過程中受到的折
磨、對於補助款的不安定感（三天兩頭就去郵局刷本子、補助款一進來立刻全
部提領光），明明就已經有法律跟制度可以預防，卻因為社政主管機關怠於職
務而讓類似的情況一再發生。

六、制度的倡議與未來展望

　　在債務議題的倡議與修法過程中，多是看到台北律師公會消債委員會、法
律扶助基金會、卡債受害人自救會的身影，然而在第一線面對貧窮問題與許多
債務人的社工／社福系統在這些過程中，卻不見扮演比較積極的角色。債務議
題不應侷限在法律服務的範疇，以香港明愛會的明愛向晴軒債務及理財輔導服
務為例，其網站（http://debt.caritas.org.hk/26381212092017132057.html）對於
其背景有清楚的說明：

　　香港經濟反覆，其中一個問題是為不少香港人帶來債務的困擾。卡數、負
資產、投資失利、失業等引致的欠債問題，亦為欠債人及其家庭成員帶來不少
的壓力和困擾。

　　「衝出債網」由 2002 年 8 月開始承接了香港負資產再生組織轉交的服
務，並在 2003 年 7 月起獲香港賽馬會慈善信託基金資助繼續為欠債人士提供
一站式服務，服務是按個別案件提供具體、實際而徹底的解決方案，包括與財
務機構商談重組方案、教導欠債人士如何與財務機構達成新還款安排、銀行債
務紓緩方案、節約理財之道、個人自願安排和破產。其後在 2006 年 7 月開始
再得到香港賽馬會慈善信託基金資助一個為期兩年的計畫，除卻提供債務輔導
及支援外，亦提供理財教育講座及諮詢，以令大眾人士得到一個正面及健康的
理財態度。隨後 2008 年 4 月開始再獲李嘉誠基金會贊助提供債務及理財專線
服務至今。

　　我們也需要建立公益性質的專責協助債務問題組織或機構、結合相關資源，提供債務人一站式的服務，並積極為債務人發聲。

伍　結語

　　債務處理需要的不僅是金融與法律知識，更重要的是債務人要能夠先維持家庭基本生活、要有對未來的期望和活下去的勇氣，才會有面對問題的決心。社工／社福系統在債務人重生的過程中應扮更積極協助的角色。

　　社工在債務議題中若不能在法令與社會結構上為弱勢者發聲，而只是一味強調怎麼讓案主努力賺錢、理債還債好回歸正常金融與社會體制，豈不是將債務與貧窮的責任全部歸責於個人不夠努力和失敗，甚至成為銀行與討債公司的幫手、壓迫者的幫兇？

　　透過借貸賺取利息這個行為本身就是一種投資，但我們卻往往忘了投資者本身應該承擔的風險與責任，而只將投資失利完全歸咎於被投資的一方。欠債是不道德的？利用資本優勢讓他人陷入高度風險而從中賺取不當的高利，甚至剝奪債務人基本的生存空間與條件，才是真正的不道德。

　　生存權優先於債權，不管是怎麼樣的行差踏錯，只要債務人願意誠實面對，我們社會也應該提供經濟失敗者一次重新再來的機會。

附錄

債務個案基本資料表

一、基本資料

填表日期：

姓名		年齡		住區	縣市 _____
聯絡方式	(H)： 手機： e-mail：			撫養人口	□父、母 ____ 人 □小孩 18 歲以下 ____ 人 □小孩 18 歲以上，就學中 ____ 人
婚姻狀況	□已婚 □單親 □單身		就業情形	□目前待業中 □目前就業中： □全職　□兼職　□臨時工	
福利類別	□低收 □中低收 □一般戶			五年內是否有從事自營業？ □否 □是，月平均營業額在 20 萬以下 □是，月平均營業額在 20 萬以上	
收支狀況	每月收入 （含補助款）		每月生活必要支出 （含撫養費）	每月剩餘或不足	□有餘 _____ □不足 _____

二、債務概況

哪一年開始 無力清償		負債總額		銀行家數	____ 家	資產管理公司家數	____ 家
負債原因：							
其他債務：□勞工貸款 □保單借款 □健保費 □國民年金 □親友 □地下錢莊 　　　　　□其他 _____							
是否曾與銀行協商？	□否 □是，但在 ____ 年毀諾 □是，但是快要繳不出來			是否聲請過更生或清算？ □否 □是，裁定時間 ____ 年 ____ 月			
是否被扣薪	□否 □是，月扣 _____ 元，已扣多久？ _____					是否被查扣保單	□否 □是

三、資產概況

有無不動產	□無 □有	動產	□無 □有	保單	□無 □有，險種 _____
已請領 □勞保退休金，____ 年申請 　　　　□勞保老年給付，____ 年申請				□尚未請領	

※若不瞭解債務概況，請向金融聯合徵信中心申請 A. 債權人清冊、B. 個人信用報告，請加查未清償債務。請注意表格中僅填姓名及身分證字號即可，手機及地址不用填。
　地址：臺北市中正區重慶南路一段 2 號 16 樓
※若非居住臺北市，請到郵局填寫申請表格，不填手機，地址可填方便收到處但非實際住處。
※此表格由李喜菁社工師提供。

參・考・書・目

吳宗昇（2010）。**消費者債務成因與生活狀況調查研究**。財團法人法律扶助基
　　金會。

李艾倫、吳宗昇、林永頌、林孜俞、周漢威、梁家贏、陳昭全、趙興偉
　　（2016）。**債無可懼—搶救債務—律師教育訓練手冊**。財團法人法律扶助
　　基金會、律師公會全國聯合會、台北律師公會、卡債受害人自救會。

《強制執行法》（民國 103 年 6 月 4 日）。

《民法》（民國 104 年 6 月 10 日）。

《中華民國刑法》（民國 105 年 11 月 30 日）。

《社會救助法》（民國 104 年 12 月 30 日）。

《身心障礙者權益保障法》（民國 104 年 12 月 16 日）。

11

社會企業與社會工作

高永興

壹　前言

　　近幾年來，社會企業（social enterprise, social entrepreneurship）大為風行，社會企業此一新興領域，廣泛受到學術界和實務界的重視，相關論著和報導不斷推陳出新，而創辦葛拉米農民銀行（Grameen Bank）的尤努斯（Muhammad Yunus）和從事經濟學研究和社區工作的 Elinor Ostrom 先後獲頒諾貝爾獎，社會企業的全球意義已被兩次諾貝爾委員會的頒獎所肯定。學術界對於社會企業的研究，也逐漸從邊陲地位轉變成為學術研究的顯學，社會企業已有豐厚的機會可進行理論的測試、推廣和發展。

　　臺灣社會企業的發展日趨蓬勃，除政府部門頒訂社會企業行動方案、建置登錄平臺外，許多非營利組織、企業部門也都跟進這股潮流，社會企業儼然是熱門的實驗題材，社會企業早已常見於身心障礙服務領域、扶貧脫困的服務，現在也常與社區、部落產業結合。本章的內容，包括：社會企業的興起與界定、社會企業的特徵、社會企業運用於社會工作、社會企業之體制選擇、制度性的矛盾、社會企業的經營、社會企業的價值呈現，以及實務運用建議。

貳　社會企業的興起

　　從文獻上追蹤社會企業發展的軌跡，可發現臺灣與國外的社會企業的發展，都是在 1990 年代初期逐漸形成的。根據 Weisbrod（1998）的研究，非營利組織（Non-Profit Organization, NPO）銷售商品和服務的現象，出現在 1980年代晚期和 1990 年代初期。在歐洲和美國，社會企業的概念都可回溯至 1990

年代初期（Perrini & Vurro, 2006; Defourney & Nyssens, 2012）。臺灣社會企業的發展，也可回溯到 1990 年代初期，可說是與國際社會同步，例如伊甸基金會、陽光基金會、崔媽媽基金會、勝利潛能發展中心也都有類似的發展歷程（高永興，2015a）。

　　NPO 為何要經營社會企業？主要原因：(1) NPO 面臨著雙重擠壓的困境。包括經濟環境不景氣，財源減少和服務需求增加，以及 NPO 數量大幅增加，此即 Salamon 和 Anheier 所說的結社革命，而相互競爭資源與服務對象，再加上企業競相進入老人照護、托兒等領域，產業的革命已難避免，傳統慈善工作之效益和適當性更常受到質疑，基金會、企業等贊助者都希望他們所贊助的經費能發揮最大的效用，而不斷強調績效評量的重要性。(2) 強調社會創新的精神，以創新的方法解決問題和提供服務。

　　這些變化同時給 NPO 帶來了挑戰與機會，NPO 的領導人勢必要採取企業化的策略，和學習做生意的技巧，這些社會變革開啟了社會企業的大門，也促使社會工作更加重視家庭的經濟安全，和運用社會企業來幫助個人和家庭改善生計。Dees 和 Economy（2001）即認為在這些發展趨勢的影響下，社會企業已將焦點由慈善救援轉移至更有系統的社會改革之途徑，並致力於減少對於慈善援助的需求，不是直接去滿足需求，而是讓民眾參與，並允諾他們承擔起部分責任來改善自己的生活。

　　社會企業的兩大發展脈絡也延伸到學術領域，而形成兩大學派：社會企業學派（Social Enterprise School）和社會創新學派（Social Innovation School），這兩大學派是社會企業實務運作的主流。社會企業學派將焦點放在如何產生收入，來支持其社會使命；而社會創新學派則是聚焦於建立新穎且更好的方法來處理社會問題或滿足社會需求。

　　社會企業家是主導社會企業的靈魂人物。社會企業家具有哪些特質呢？Nicholls 和 Cho（2006）認為要定義社會企業家，就要將之置放在社會脈絡中，並主張社會企業家是非常重要的社會改革者。NPO 的領導者若能秉持其組織的使命而又能關注市場的力量，既能善用商業的語言和技巧，又能滿足其會員或案主之需求，就是社會企業家。

　　社會企業家往往雄心萬丈，會主動尋求機會來改善社會，帶動整個社會的基本變革。他們會尋求解決問題的根源，而不是應付表面的症狀。從這個觀點而言，社會企業家有別於傳統的社會服務提供者，即不受傳統束縛的特性；他們也都是勇於嘗試和創新，具有企業家的精神。若從這個角度來審視社會工作的發展歷程，專業社會工作的開路先鋒 Jane Addams 可說就是典型的社會企業家（Nicholls & Cho, 2006）。

　　Jane Addams（1860-1935）是美國睦鄰組織運動的發起人，也是社會改革的先鋒，更是首位獲得諾貝爾和平獎的女性。Jane Adams 和她的後繼者在睦鄰組織和鄰里的建造方面，提供了教育、休閒娛樂、青少年活動以及倡導和政治遊說，成功促成了社會改革。

　　由於社會企業有著許多不同的定義，社會企業常與「企業社會責任」、「公益創投」混淆，甚至於「庇護工場」是否屬於社會企業的範疇，亦有許多爭論，這些常令非營利組織感到困擾的概念，亟需加以釐清。

　　對於此種認知上的差異，許多學者都認為社會企業仍是一個新興的、範圍尚未明確劃定的研究領域。社會企業的樣貌可說是兼容並蓄，但經營社會企業若是出自於追求營利的企業，難免會有一些缺點，因為他們無法掌握非營利組織的獨特性，這也說明了迄今為止，為何社會企業的主要貢獻仍是在於非營利組織（Thomson, 2002; Galera & Borzaga, 2009）。**基於前述理由，筆者也是從非營利組織的角度出發，將「社會企業」定義為：「非營利組織在其使命之驅動下，致力於創造或增加社會價值，並採用商業運作模式，在市場上銷售服務或商品，藉以增加收入來維繫運作和創造多重的價值。」**

參 # 社會企業的特徵

　　由於兼容並蓄不同的見解，導致社會企業定義的分歧，有人認為社會企業是一種過程、策略或社會運動；也有人認為社會企業應具有多重目標的屬性；還有人認為社會企業應跨越部門之間的界線，且訴求的目標也應是混合的價值體系，另外，有的則是著重於社會企業的創新性格。以下將分別討論這些觀點。

一、是一種過程、策略、社會運動，或一種組織

　　有些人將社會企業看作是一個方案、一項計畫，或是一種社會運動。也有人將社會企業視為一種過程，此一過程包含：(1) 找出特定的社會問題和特定的解決方案；(2) 評量其社會影響，以及商業模式的運作和可持續的投資；以及(3) 創造一個以社會使命為導向的營利公司或以商業為導向的非營利單位，並且是要同時追求雙重或三重的底線（double or triple bottom line），也就是具有雙重或三重的目標。

　　社會企業若只是一種策略和方法，其運用的彈性很大，但不確定性也很高，但若是一種正式的組織，就會較為複雜，也會有許多挑戰。如同 Cho（2006）認為：「社會企業是一套結合了追求經濟目標和追求與提升永續性和終極價值之制度性的實務運作。」設置社會企業的組織，就會牽涉其法制環境，而有一定的設置程序，除需考慮經營體制的選擇，也必須具備經營管理的能力。

二、跨越部門之間的界線

　　審視社會企業的發展歷程，早期的社會企業多半是從非營利組織出發，非營利組織從事賺錢的活動常是為了拓展新的財源，然而，後續的發展已逐漸模糊部門之間的界線，許多社會企業領域的領導者都強調應同時兼顧社會和經濟的價值，在組織的運作型態上形成混合的體制，才能更靈活因應所處的環境。

社會企業是具有社會目的性質的混合企業，跨越了原先在營利事業和追求社會使命的公共部門以及非營利組織之間的界線。Austin（2006）認為：「社會企業是一種可能同時出現在非營利、商業，和公共部門內，或部門之間的創新構想，以及增加社會價值的活動。」社會企業在實務運作上，包含著相當廣泛服務或是活動類型，包括各種為創造或增加社會價值的活動；新型態的公益創投或具有公益性質的投資組合，以及非營利組織藉由向商業部門學習到經營手段來增加營收等。

三、強調創新、變革的精神

Austin（2006）強調社會企業所應具備創新性格。社會企業是公民社會變革的促進者，他們以具有企業精神的突破性思維來嘗試進行創新，和建構能力，並且具有足夠的才能來實踐創新的理念，和評量所帶來的社會影響。因此，社會企業常是一種由個人或團隊所創造和管理的動態過程，藉由企業家的心態來探求社會創新，以及強烈的成就感，以創造市場和社區的多數人的新價值。社會企業可說是借取了來自商業、慈善和社會運動的模式，重新調整解決社區問題的方法，並傳達了可持續的新社會價值。

四、不只是給魚、教人釣魚，而是要改變整個捕魚的環境

社會企業家的工作是要在社會的某些環節鬆脫時，能加以識別和找出解決之道。他或她能夠透過改變系統，展現其解決方案，以及說服整個社會來採取行動，找出有哪些是失去作用的體系，並且解決問題。因此，社會企業不只是給魚吃，或教導如何釣魚，還要持續不懈地改造整個捕魚的環境。

對於身心障礙者和失業者提供職業訓練，就如同是給人釣竿、教人釣魚，原本是期待他們在完成培訓，習得一技之長之後，就可進入職場，但實際上卻受限於缺乏就業機會，或是訓練二度就業的婦女做手工、裁縫，生產日用品，但往往缺乏銷售管道，或供過於求而陷入惡性競爭，或受到剝削，處在種種不利的處境中，形同於無魚可捕捉。

　　社會企業除了培訓就業者，也會設法改善就業者進入職場的障礙，或是透過諸如公平交易、設置交易平臺等多種策略，協助其服務對象銷售所生產的物品，並獲得較為穩定也較為合理的報酬。

五、具有多重目標，且追求社會目的、社會效益是其基本精神

　　社會企業正是要同時追求增添經濟與社會的價值（Mair, 2006），甚或更多重的目標，且必須以社會目標為核心。因此，聚焦在於創造或增添經濟價值的企業，嚴格來說，並不能算是社會企業。

　　社會企業也必須兼顧社會成果和社會福利的影響。社會企業如何帶動社會變革呢？Perrini 和 Vurro（2006）歸納出幾項重點，包括：(1) 社會企業的第一個貢獻就是增加就業機會。(2) 資訊的取得也是社會企業的社會成果。(3) 社會企業能夠透過個別化和參與，真正改變人際互動的模式，以加強社會凝聚。例如解決或減緩特定族群的問題，將弱勢族群帶入就業市場，且能使其獲得比庇護工場甚或某些營利公司還高的薪水。

肆　社會企業與社會工作

　　Cho（2006）特別強調終極價值，而不是採用社會價值，是因為他認為「社會」這個詞具有多面向的含義，且不同的社會群體也並不一定都具有共識。Cho 更進一步討論「社會」的意義，若未詳細檢視「社會」的意義，以及為何它帶有特定的意義之前，社會企業很容易被誤解，導致錯誤的解讀和操作。因為「社會」這個詞相當複雜，澄清鑲嵌在社會企業這個概念的內在價值就變成不可或缺的歷程。

社會企業的核心價值在於社會層面的意義，例如創造社會效益、社會價值，以及運用和創造社會資本，這些概念也都可以和發展性社會工作，以及社會投資的福利國家相互呼應。因此，由社會工作的角度詮釋「社會」的含意，可說是最為恰當的。

社會企業所強調的創新和改革，就如同 Jane Addams 和她的後繼者所推動的諸多改革措施所帶來的影響。他們成就了睦鄰組織和鄰里的建造，以及透過倡導和政治遊說，促成了社會工作的社會變遷功能。其他，像 Florence Kelley、Lillian Wald，以及 Bertha Reynolds 也都曾致力於促進社會的改革。Saul Alinksy 在 1950 年代推動的社區工作，更凸顯社會工作者能藉由社會行動贏得廣泛的社會支持，帶動有效的社會改革。

Midgley 和 Sherraden（2009）認為社會投資與社會發展有非常密切的關連。社會投資可能是由一連串的處遇所組成，例如創設社會企業來促進就業、自我雇用，以及鼓勵累積資產。社會企業的營運和發展，尚可連帶幫助服務的對象，包括個人、家庭、團體或社區，改善所處環境和獲得發展的機會。

社會企業可被運用在許多社會工作的實務領域中，包括前述 NPO 所面臨雙重擠壓的困境，開拓財源和創新服務方法。對於改善弱勢族群的處境，發展其能力和滿足需求，都可借助於社會企業，例如設置庇護工廠，為身心障礙者創造就業機會，或在社區、部落推動產業，改善居民的生計。以下分別討論這兩種類型。

一、庇護工場

庇護工場的經營兼具有為身心障礙者創造就業機會、提供工作訓練，以及在市場上銷售產品和服務，為組織開拓財源的雙重任務，力求同時達成經濟效益和社會效益等多重目標。庇護工場這種結合組織使命和商業機制，以及多重目標的特徵正好與社會企業相互呼應，也就是說，庇護工場是一種與工作整合的社會企業（Work Integration Social Enterprise），簡稱為 WISE（Alter, 2006; Garrow & Hasenfeld, 2012）。

　　WISE 的形成源自於早期的庇護就業工作坊（sheltered employment workshop）。早在 1960 年代，歐洲即有一些組織嘗試以社會企業的型態幫助身心障礙者（Defourny & Nyssens, 2006），開啟了 WISE 的發展歷史。WISE 在數量上和類型上的大量增長，則是在 1970 年代晚期。時至今日，WISE 已普遍存在於歐洲各國，甚至是最主要的社會企業類型。歐洲的社會企業研究團體（Emergence of Social Enterprise in Europe, EMES）曾歸納出四十四種類型的 WISE，其組織型態可能是勞動合作社、庇護工場、鄰里企業、社會公司、社會整合企業，以及社區事業等名目不一的類型，但共同特色都是強調透過不同的整合機制，幫助弱勢族群克服進入就業市場的障礙（Defourny & Nyssens, 2006）。

　　WISE 的服務對象可區分成兩種類型：1. 身心障礙者；2. 遭受社會排除的人。雖然身心障礙者也有可能遭遇到社會排除，但在就業模式中，主要問題仍是聚焦在障礙本身所造成的限制，而遭受就業市場排除者主要則是遊民、虞犯少年、出獄的受刑人等類型，本身雖具有工作能力，但卻因特殊的身分、背景、經歷而被排除在外。Garrow 和 Hasenfeld（2012）以障礙者（disabled）和有能力者（able-bodied）這兩個概念來代表前述兩種對象，進而討論服務對象本身是否具備就業能力對於組織運作的影響，以及可能衍生的衝突。

　　以就業模式而言，Alter（2006）認為就業模式就是一種整合型的社會企業（WISE），在這種模式中，服務項目與商業活動是彼此重疊的，既可共同分攤成本，也可共享資源，也就是說服務項目本身就是一種商品，例如經營庇護商店，一方面是銷售商品，另一方面則是幫助弱勢族群創造就業機會。Perrini 和 Vurro（2006）對於 WISE 也有相同的看法，並強調社會企業可帶動一連串的社會變革，且其首要貢獻就是創造就業機會。社會企業也有助於促進人際之間的互動，並藉由參與來增強社會凝聚，同時還可解決和改善特定族群所面對的問題，將弱勢族群帶入就業市場，以獲取比庇護性就業更高的薪水。

　　前述學者的論點雖各有所偏重，而社會企業所涵蓋的類型也相當廣泛，但不論是哪一種分類，就業模式都是不可或缺的，Defourny 和 Nyssens（2006）更認為就業模式是社會企業的首要類型。

　　與 WISE 類似的社會企業，在臺灣的發展歷程可回溯到 1980 年代初期，雖然當時尚無有關庇護工場的設置規範，即有 NPO 嘗試透過銷售產品和服務，為身心障礙者創造就業機會，也為組織拓展財源，例如伊甸基金會於 1983 年在景美成立福利工場，以提供身心障礙者就業機會和良好的就業環境。之後，伊甸的中國結、打字排版，陽光基金會的中文打字排版，都是類似的型態，但經營規模較小，持續時間也不長。陽光基金會於 1992 年底在臺北市設立「陽光洗車中心」，才算是正式的經營庇護工場，「陽光洗車中心」在鼎盛時期曾雇用多達八十位障礙者，並創下輝煌的業績，可說是設立較早，並同時兼具有社會效益、經濟效益的社會企業（高永興，1993）。

二、社區與部落產業

　　社區產業也是社會企業的類型之一。社區產業可被運用來尋求經濟發展，一方面創造在地的就業機會，另一方面是促進社區居民之間的凝聚和合作，同時兼具經濟效益和社會效益。當在地工作機會增加，產業有了發展的遠景，居民將更願意留在本鄉發展，也更可能吸引年輕人回流。社區產業在災後重建階段也扮演相當重要的角色（高永興，2015b）。

　　以臺灣在 1999 年發生的 921 大地震為例，政府部門從 2002 年起推出「921 震災重建區社區總體營造計畫執行方案」，提供經費補助和專業團隊的協力，幫助社區重建，和發展文化產業和地方經濟。蘇文玲（2013）認為：「這種型態的重建，讓地方產業發展順勢成為災後重建的重要角色，進而發展出另一種社會企業模式。」

　　再以 2009 年的莫拉克風災為例，風災受損最為嚴重的社區多半位處偏遠和環境較為敏感的地帶，導致重建的困難度高，也需要更長時程、動用更多的經費。在硬體工程於風災兩年後陸續完成，災民遷入新居之後，災民的生計問題卻更加突顯，因此，政府部門的莫拉克風災重建計畫，在屆滿三年後又往後延伸三年，轉向以改善居民的生計為重點的社區（部落）產業發展（高永興，2016）。

伍　社會企業的體制選擇

　　非營利組織一旦涉足經營社會企業，勢必要面對經營體制的課題，並從各種可能的體制中，選擇最有利於其達成使命和經營管理的體制。體制的選擇，是要謹守在非營利的範疇，或是遊走於營利和非營利之間，或是兼具這兩者的特徵。基本上來說，非營利組織的主要目的是實現社會使命，但若要向企業學習，就必須能夠在市場中存活。

　　在臺灣，到 1997 年 4 月完成修訂的《身心障礙者保護法》，才增列有設置庇護工場的法源，但當時主管機關並未訂定設立辦法，且庇護工場分別由社政單位、衛政單位及勞政單位主管，「庇護工場」分具照顧、復健或就業之功能，因共用「庇護工場」名稱，導致定位混淆，也間接造成無法落實保障身心障礙者不同身分應獲得之權益。

　　2002 年 12 月勞委會職訓局依據第 58 條第 3 項訂定「身心障礙者庇護工場設立及獎助辦法」及「身心障礙者庇護工場設施及人員配置標準」，提供縣市政府作為協助轄區內有意願設置庇護工場者之法規依據。但這段時期的庇護工場，可說是「有架無框」，只有基本架構，但沒有拘束力，也沒有強制性。因陋就簡的規定，並沒有明確的設立標準和罰則，或因標準過於嚴苛而難以落實，且事權不一，各主管機關都可以受理庇護工場之設立登記及管理，身障者如何進入職場亦缺乏明確的流程或作業標準。吳明珠（2011）指出：「該辦法因設立條件過於嚴苛且沒有罰則，直至 2005 年 2 月為止全臺僅有五家立案。」

　　在臺灣，申請設立庇護工場有一定的門檻，也會增加不少負擔，非營利組織為何要自找麻煩去申請設置庇護工場呢？尤其，《身心障礙者權益保障法》在 2007 年修訂後，庇護工場的經營條件，受到法規所增添之規範影響甚鉅，包括聘僱關係、任用身心障礙員工必須達到 50% 以上，以及產能核薪機制等

要求。NPO 是否繼續在勞政體系下經營庇護工場，或是轉向變成是以福利服務為主而不涉入生產和銷售的活動，或者回歸到社政部門的小型作業所，都可看作是一種制度選擇。

　　經營庇護工場，必然要配合勞政單位的要求，也必須要有立案登記，和接受業務檢查、評鑑，聘用身心障礙者必須視為員工，依產能給薪，並依據《勞基法》給予保障，而且庇護工場所聘用的員工，身心障礙者必須佔半數以上，除了這些限制之外，庇護工場可向政府申請經費補助。若是轉移到社政部門，設置小型作業所，其運作規範就很寬鬆，實際功能亦較模糊，能否促進身心障礙者就業卻是個大問號。例如，在星星兒基金會結束社會企業的運作後，好處是免於制度環境中合法性的壓力、減少財務虧損、有助於整合利害關係人的利益；而缺點則是不利於身心障礙者工作訓練與就業機會的提供（鄭雯月，2013）。

　　對於非營利組織來說，設立庇護工場除了可為身心障礙者創造就業機會，通常還是基於下列幾項誘因：(1) 可按照《政府採購法》的規定，享有獲得公部門優先採購的機會，有助於庇護工場的產品或服務之銷售。(2) 可參加由公部門策劃的行銷宣廣活動，增加曝光的機會，拓展行銷的管道。(3) 每年都可向勞工局提出庇護性就業服務方案的經費補助。

　　社會企業應如何選擇適合的體制呢？主要的考量有二，包括：(1) 運作的合法性；(2) 有利的經營策略。在西歐國家，大多數的社會企業都是依據法規設立的，其設置型態主要有非營利的社團和合作社這兩種類型。在依法設立的社團可從事銷售物品和服務的國家中，社會企業多是以社團的型態來設置。但是在瑞典、芬蘭和西班牙，社團的業務活動因受到相當多限制，這些國家的社會企業就會設立成合作社的型態（Borzaga & Defourny, 2001），在這種情況下，訴求就業和社會目標的合作社，就會被列入在社會企業的範圍內，也就是一種 WISE。以下討論運作的合法性、利基兩部分。

一、運作的合法性

　　在臺灣，由於尚未制定社會企業的法規，要創設社會企業，僅能從非營利

組織（基金會、社團）和企業這兩種類型中選擇。非營利組織經營社會企業並不一定要另外成立新的部門，只要是屬於章程所訂的範疇，例如出版、收費的課程、服務活動等，即可依照規定向經濟部等單位申請營業登記，和開立發票，對外銷售其產品和服務。非營利組織亦可專為其社會企業部門設置新的營運單位，而成為其附屬單位，例如庇護工場，這種情況下的非營利組織，也就是庇護工場的母機構。

　　若是採取公司的型態經營社會企業，往往需要刻意強調其公益性質，或是在名稱冠上「社會企業公司」，或是保留部分盈餘於指定的公益用途，並在相關網站上登錄。至於社會企業是否需要立法，尚有許多爭議，贊成者認為應有專法，反對者認為既有法制已足以運作，何需增加新的管制和限制？臺灣是否需要立法，可參酌國外的經驗。

　　社會企業在法制化的發展方面，英國、義大利、美國等國家相繼建置社會企業的法律制度和規範。義大利是首先制訂相關法規的國家，在 1991 年制定「A 和 B 型態的社會合作社」的相關法規，而在之後的數年之間，相關類型的組織即有明顯的成長。比利時在 1995 年制定有關設立「社會目標公司」的法規；葡萄牙在 1998 年完成「社會團結合作社」的立法，希臘則在同一年完成「有限責任社會合作社」的法規。隨後，法國在 2001 年制定了「公共利益合作社」的規定。

　　英國在 2005 年制訂了社區利益公司（CIC）的法規，鼓勵個人、非營利組織與社群共同營造社區，創造社區的共同利益（Cooney, 2012）；社區利益公司是一種新的公司型態，主要對象為利用企業盈利和資產來服務公共利益的社會企業。成立社區利益公司的手續簡單，運作形式靈活，但是會有一些特殊的條件來確保企業對社區的公益性。CIC 也是用來補充政府在社區層面之福利措施的不足，而可在社區增設有關兒童照顧、社會住宅、社區運輸或休閒活動。CIC 的框架主要是為打算從事生產活動的非營利組織設想，但也可以適用於想要增進公眾的利益，但卻無法或不願成為慈善組織的單位（Galera & Borzaga, 2009）。

二、有利的經營策略

在實際運作的層次，社會企業為兼顧其使命和產生經濟效益，會選擇最適合其組織型態的經營策略。在這個層次的體制選擇，Alter（2006）是根據社會方案和商業活動之間的整合程度，將社會企業的模式區分成三種基本類型：嵌入的（embedded）、整合的（integrated），和外部的（external）。

在嵌入式社會企業，經營活動就等同於社會服務方案。企業活動是「嵌入」在組織的運作和服務方案內。NPO 的服務對象也就是企業的受益者。在整合式社會企業，社會方案與商業活動會有一些重疊，且通常是共同分擔費用、資產和方案的成果。NPO 將現有的服務商業化，或更改為付費方式，或對現有客戶提供新的服務。這種類型的社會企業往往會利用機構現有的資產，如專業知識、服務內容、關係、品牌，或服務設施來推展業務。企業的經營活動和社會服務方案之間的關係是協同的，同時兼具財務和社會價值（Alter, 2006）。

在外部社會企業，社會方案與商業活動則是截然不同。企業活動是「外部」的，與組織的業務和方案沒有直接關聯。創建外部的社會企業可用來補貼其社會方案或營運的費用。使命的相關性和社會效益的追求都不是經營活動的前提條件。企業的經營活動和社會方案之間的關係是支持，提供資金給非營利的母機構。

Alter（2006）又將社會企業的實務運作模式，歸納成七種基本類型：包括企業的支持模式、市場媒介模式、就業模式、服務收費模式、服務補貼模式、市場連結模式、組織支持模式。經營者對於運作模式的選擇，通常是依據組織本身的定位、使命和目標，以及業務活動與服務方案的型態來做決定，進而在組織之間產生不同的連結關係；不過，運作模式的選擇也相當具有彈性，經營者也有可能選擇單一模式，或混合運用多種模式。

以就業模式而言，Alter（2006）認為就業模式就是一種整合型的社會企業（WISE），在這種模式中，服務項目與商業活動是彼此重疊的，既可共同分攤成本，也可共享資源，也就是說服務項目本身就是一種商品，例如經營庇護商店，一方面是銷售商品，另一方面則是幫助弱勢族群創造就業機會。

陸　應採取服務導向或市場導向？

就業模式雖可帶來多方面的效益，但其經營卻相對也會受到許多限制，Alter（2006）對之感到憂慮並表示：「由於就業者和生存能力之間的反向關係，這種模式是難以擴展的。」就業模式的創業成本和資金的要求可能會很高，這都會讓想要採用這種模式的實務工作者打退堂鼓。而提供就業的企業不只要和營利部門競爭，也必須承擔其他的社會成本，這些因素都會造成能否在市場上生存的挑戰。

就業模式不僅要達到社會企業所共同具備的多重效益的要求，在制度化的運作層次上，更會有雙重認同的難題，亦即應採取市場導向或是服務導向？取向的選擇也將導致組織在制度設計、經營管理、人力資源運用、服務體系之建構，以及成效之評量和管理上的因應和調整，且很可能產生衝突，而讓經營陷入兩難的困境。

Garrow 和 Hasenfeld（2012）從經濟模式的制度理論檢視 WISE 這種就業模式的多重面貌，發現就業模式必須承擔兩個不同的制度之認同。在社會服務領域裡，WISE 的主要身分是一個福利服務機構。在這一領域的利害關係人，包括資助者和合作者，會與組織互動是因為他們支持其社會使命。為符合社會服務的邏輯，該組織要證明其工作價值就是服務案主。

由於就業模式的雙重認同，或雙重效益的訴求，很容易陷入兩種思維結構的矛盾，即服務導向和市場導向相互拉扯，經營者常需面對這兩種背道而馳的規則和利益糾葛的取捨（Garrow & Hasenfeld, 2012）。若是傾向於市場導向，勢必要強調其獲利、生產力和效率，也就越有可能偏離了組織的使命，以及為就業者提供服務的重要性。反過來說，越是重視服務取向者，越會將重心放在對於就業者的工作機能發展、和就業機會的拓展，以及服務網絡的完整性，但將資源投入在前述這些任務上，就有可能忽略了生產和銷售的重要性。

　　相較之下，在市場脈絡下的 WISE，最理想的形式就是一家企業，工作經驗就是生產工作，而服務對象（案主）儼然就是為生產商品或以服務換取金錢的生產工具。雖然有一些企業客戶是以和 WISE 進行交易來支持 WISE 的社會使命，其他客戶可能會堅持以「生意歸生意」的市場邏輯，要求 WISE 必須遵守行規，且在品質、效率和價格都能符合市場的標準，但是 WISE 要符合這些要求並不容易，因為它所雇用的人是有就業障礙的服務對象（案主）。

　　WISE 應如何選擇服務社會的邏輯和競爭市場的邏輯？也就是說，他們會在什麼情況下將組織定位為社會服務的組織，或在什麼情況下變成追求經營績效的公司？對於其服務對象，會在什麼時候將之當作案主看待，又會在什麼時候將他們商品化？

　　Garrow 和 Hasenfeld（2012）考慮制度邏輯的組成性質，並提出如下假設：置身於市場的邏輯越大，焦點將是追求利潤、生產力和效率，就會冒著更大的風險，而可能有使命漂移的問題，以及傾向於將服務對象商品化。暴露於市場邏輯，可能將工作經驗視為生產作業，和將服務對象當作是生產的工人。

　　服務邏輯是由一組關於服務對象的假設，以及和體現這些假設的實務構成的。在 WISE，一個重要的服務邏輯，是組織應有能力讓服務對象變成具有生產能力的員工。能力越好就越可能被當作是從事生產的工人，而被認為能力不好的，就會被認為不適合進入一般就業市場，而需要安置在受保護的工作環境。這些假設也會影響實務運作，當 WISE 認為案主已具有相當的生產力，和進入一般就業市場的潛力，經營者可能會看重其工作經歷，而直接讓他們暴露在客戶面前，讓他們回應客戶的要求，例如嚴格的生產期限和高品質的控制。

　　WISE 為保持競爭力，就必須選用、留用功能較佳、生產能力較好的就業者。但若是以服務為導向，反倒是要選擇最需要幫助，但卻也是就業條件較差的就業者。挑選哪一種類型的員工，能力較佳或能力較差的？依據何種制度邏輯？

　　在就業者逐漸進入狀況，工作能力不斷提升之後，WISE 將會面臨兩難的抉擇，應留用熟練的員工？或將能力較好的就業者轉銜到一般性就業，而將 WISE 的機會提供給新手？尤其是比較具有技術門檻，需要較長時間訓練的工

作技能。WISE 的人力流動過度頻繁，也可能導致生產和銷售的進度落後，工作經驗也難以累積和傳承，進而不利於經營。

 柒　社會企業的經營

　　經營社會企業並不是一本萬利的，或是由公益角度切入就能保證獲利。經營社會企業的 NPO 中，有些是名利雙收的，但也不乏慘澹經營，咬牙苦撐者，甚或以失敗收場。社會企業的經營尚不僅止於能否生存、有無賺錢的層面，還牽涉公益團體是否應從事社會企業？為何要經營社會企業？以及是否因此而危害其使命，或對組織的形象帶來負面的影響，或影響社會募款的捐款意願等問題。

　　許多非營利組織嘗試以交叉補貼方式，透過賺錢的商業活動來補貼服務的開銷，但實際觀察社會企業的經營狀況，卻也常看到經營不善，不但沒賺錢反而虧本，又要另謀財源來填補虧損的現象，反而變成逆向的交叉補貼。在無利可圖、虧損連連的情況下，一般企業早就關門大吉了，但非營利組織所經營的社會企業，卻會苦撐下去，但問題是可以撐多久呢？有無改善之道呢？畢竟非營利組織的財源依然有限，老是賠錢終究不是辦法。而為何社會企業願意苦撐下去，是什麼原因呢？另一方面，非營利組織固然不見得擅長做生意，但經營不善的問題是否仍有改善的空間？有無可能避免？或是即使初期賠錢，仍然有可能轉虧為盈呢？

　　Dees、Emerson 及 Economy（2001）認為要經營社會企業，應做好下列事項，包括：界定使命、尋求和評估新的機會、募集資源、風險管理、創新管理、吸引顧客上門、財務管理，以及擬訂營運計畫等。Brinckerhoff（2000）指出 NPO 在發展社會企業時應遵循下列七個步驟，包括：(1) 檢視使命；(2)

願意面對風險；(3) 設立與使命有關連的目標；(4) 創意；(5) 可行性評估；(6) 擬定營運計畫；(7) 有效地達成目標。

其中，可行性評估的目的在於回答下列問題：經營者是否有能力在市場中，以特定價格和所能掌控的資源來提供服務（或產品），並且能同時達成組織的使命和財務目標？可行性評估若做得好，將可使經營者明確瞭解可在何種條件下順利運作，讓經營團隊更加清楚透過新的業務或服務拓展，可預期的使命和財務成果會是什麼。

可行性評估可區分成兩種：初步的評估和最終的評估。初步的評估較為短暫且僅考量少數條件，其評估的重點有四項：包括：(1) 界定產品或服務；(2) 評斷目標客戶是否需要此項產品或服務；(3) 探索產品（或服務）的產業資訊；(4) 確定組織本身是否已擁有所需的核心能力。完成初步評估後，NPO 應立即進行檢視，判斷其組織是否能通過這四項檢測，如果有其中任何一項尚未具備，就必須慎重考慮放棄，或尋求改善的策略和資源。

最終的評估，則是將通過初步評估的構想，進行更為詳細的檢測，進而設想在實際運作時所需的各項資源、管理措施和營運方向。在通過最終評估之後，應已能完成一份完整的營運計畫，讓經營的構想變得具體可行。

捌　社會企業的價值呈現

社會企業具有多重目標、多重效益，一般都會涵蓋社會效益、經濟效益這兩種效益，或再從社會效益區分環境效益和文化效益，因此，社會企業也有可能達到三重效益或四重效益。而這些訴求又將如何融入社會企業的運作裡？轉化成經營目標？以及採取何種方法來檢視這些效益是否達成？

一、高舉的社會價值

　　為了突顯社會企業的社會效益，社會企業的經營策略必須放在追求社會影響的脈絡下進行檢視，並且也要能夠具體展現財務策略和社會影響之間，以及組織的永續和績效之間的實質關聯。因此，社會企業的成果應關注於社會效益，或對社會帶來的衝擊和影響。包括：(1) 在何種情況下，賺錢的策略能夠被運用來增進社會影響？(2) 所謂的雙重底線的比喻是否能夠產生真正的意義？(3) 社會企業家應如何取捨最佳的資源募集策略，使社會影響能夠最大化？當牽涉雙重底線時，資源贊助者將會如何決定其經濟和社會收益的最佳組合？社會企業家及其支持者們會如何評量和增強雙重底線的社會層面？要回答這些問題，並沒有簡單輕鬆的答案。

　　社會企業與一般企業的另一個差異，是社會企業不能獲得與商業組織同樣的市場回報。企業若能有效為顧客創造新的價值將可獲得長期的回報，即以利潤的方式回報給投資者；然而，創造社會價值的企業或企業家卻不一定能獲得同樣的回報。在這種條件下，所謂缺乏「獲利能力」，並不能真正反映組織的績效（Dees & Economy, 2001）。因此，社會企業在獲取資源與及調整本身的經驗時，面臨著許多挑戰：亦即要衡量一個社會企業之成敗，並不在於其獲利多寡，而是看它創造了多少社會價值。

　　如同創新，社會的變革並不只是一種單面向的建設。社會企業可能直接、間接促成許多社會成果，例如社區發展、互動模式的改變，以及增強工人能夠獨立選擇的能力，這些都是很重要的。Borzaga 和 Defourny（2001）強調社會企業也同樣可以改善整體的生活環境、社區的幸福感受，和社會整合的層次。

二、受限於評量工具

　　社會企業缺乏可供依循的方法、實務準則和業務模式，這將會導致衡量其財務表現的好壞，以及組織是否有不當的運作，和進行組織之間的比較都非常困難（Nicholls, 2009）。由於社會企業所關注的焦點和運用方法過於分散，導致成效的比較變得相當困難。此外，社會成果往往需要長期累積，很難在短期

內呈現。成效的評量若缺乏客觀的檢測工具，勢必要藉助於主觀詮釋，而主觀感受又會受到多方力量的拉址。因此，此一領域要有所進展，如何衡量成功是重要的關鍵。

Anderson 和 Dees（2006）指出，大多數接受研究的社會企業當中，他們的自我評量都只是從社會或商業的標準中擇一，而不是兩者並用，這意味著兩者能夠平衡兼具者相當稀少。光是採用財務測量並不足以代表社會企業的成效，衡量成效的標準應是強調其社會目標，但此一目標卻不能直接貨幣化。

對於社會企業之成效評量，常是陷入於商業的角度，而過度強調過程或投入資源，凸顯其企業精神和管理的課題，而忽略了社會目的。這種做法，雖然帶來許多便利性，但也會擔負許多風險。過於強調企業精神，還會窄化和限縮了創造社會影響的空間。另外還有一個風險，就是可能會阻礙了社會企業獲得潛在盟友的支持。

如何量化社會成果和收益？由於社會變革的特性，要以量化的方式來展現社會處遇的成果是一項非常艱難的工作。同時這也是長期以來，一直都是最讓企業家們感到為難，也令學者們頭痛的任務。

當社會企業營運的結果，出現無法兼顧的情況，或不同效益之間的比重不同，例如經濟效益多於社會效益，或正好相反，一直處於虧損狀態，經營者卻又看重其社會價值，在這種情況下，不同效益之間應如何比較和取捨呢？

玖　實務運用建議

NPO 在面對雙重擠壓的困境下，投入社會企業經營已成為新的選項，或一種發展趨勢。但經營社會企業有其艱辛的一面，加上產業發展涉及許多風險，甚或可能會賠錢，這些都會對經營者造成莫大的壓力。尤其是具有地域性

的社區產業，其經營條件通常也會比一般的社會企業來得嚴苛，如果未能預先掌握在地條件就貿然從事，很有可能會以挫敗收場。

若能有妥善的營運計畫，將可避免陷入前述這些問題而導致關門。而經營管理的能力，尚可藉由下列策略而獲得強化：

一、從事社會企業宜有嚴謹的評估準備，不可貿然投入，且在產品和服務推出之前更應進行嚴謹的可行性評估。

二、善於運用策略和外部資源，例如策略結盟，結合相關非營利組織或企業單位，可發揮互補作用，不一定都要事必躬親。且在經營方面可多加借重企業在經營管理方面的經驗和工具。

三、重視人才培育，包括內部人才的培養，以及從外部招募人才，尤其是從外部招聘的人才，可能具備商業經營的才幹，但比較不熟悉非營利組織的運作，引進人才在調適階段要給予支持，和循序漸進的教育和輔助。人才的徵募和培訓，可避免組織偏離其使命，能夠傳承和創新。

四、秉持組織的使命和理念，並盡可能對社會企業的價值進行檢測，設法加以呈現。即使目前仍缺乏簡易的評量工具，社會企業經營者仍需以負責的態度對外說明其價值理念，也要試著向所有利益關係者呈現其經營的成效，展現所創造的價值。

五、選擇適宜的運作體制。在未制定社會企業的專法之前，社會企業的經營者只能從現有體制內做選擇。但既有體制的法制環境也不完善，包括關係基金會設立和運作的「財團法人法」尚未完成立法，以及對於合作社組織未予明確定位，亦缺乏鼓勵措施。經營者宜考量其組織定位，選擇適合的經營型態，並建構適合的績效檢測，和責信機制。

六、健全治理的機制。董（理）事會的組成，兼具有社會公益和營運專長的人選，兩者不可偏廢，也不能為了求取營運績效，而全由商業主導，偏離其設立宗旨和社會使命。

七、關於社會價值之評量和呈現，目前尚面臨許多瓶頸，而無法完整展現其價值。在社會企業的成效評量，若能借取社會工作在福利服務方案，或直接服務方面的評量指標、評量工具，例如成效導向、邏輯模式、功能性量表等，

將較有機會對其成效做完整的評量，以及清楚地展現其價值。

八、克服制度邏輯的衝突。庇護工場此一特殊類型的社會企業，常因組織層面的雙重認同，而衍生制度邏輯的衝突，在經營層面，應是採用服務取向或商業取向？庇護性就業者應視為案主？還是生產工人？要調和這些矛盾並不容易，卻又無法迴避。這種情況也常出現在偏鄉或部落產業，以及家庭生計之改善計畫。在偏遠社區和部落裡推展產業，既可創造在地就業，又能幫助家庭改善生計，但社區裡最需要照顧的弱勢家庭和個人，卻往往最缺乏創業的條件，也不是最適合的人選。要克服此種難題，應可參酌庇護工場的運作經驗。

九、社會工作與福利服務方案常面臨「需求增漲和資源縮減」的雙重擠壓之困境，未來要應付日益複雜的需求，以及募集財源，都將有更多的限制和挑戰，包括老人領域的長照服務、身心障礙者、弱勢族群的服務，以及偏遠社區和部落的都會有更大的服務需求，社會工作者若能善用社會企業，將更容易獲得永續的資源，和達成多重效益的目標。

參・考・書・目

一、中文部分

吳明珠（2011）。**庇護工場轉型社會企業之可行性研究**（未出版之碩士論文）。國立臺灣師範大學社會教育與文化行政在職進修碩士專班，臺北市。

高永興（1993）。從陽光洗車中心的經營看身心障礙者之就業。**陽光雜誌**，82年8月，8-9。

高永興（2015a）。**社會企業之制度選擇與價值呈現**（未出版之博士論文）。國立暨南國際大學社會政策與社會工作研究所，南投縣。

高永興（2015b）。從社會投資觀點探析社區產業發展。**台灣社區工作與社區研究學刊**，**5(2)**，101-140。

高永興（2016）。災後重建與生計發展。載於古允文、鄭麗珍（合編），**發展性社會工作：理念與實務的激盪**（7-32頁）。臺北市：松慧文化出版社。

鄭雯月（2013）。**向左轉？或向右轉？以星星兒社會福利基金會轉型社會企業之個案研究**（未出版之碩士論文）。國立暨南國際大學社會政策與社會工作研究所，南投縣。

蘇文玲（2013）。從地方特色產業發展脈絡看我國社會企業發展。**社區發展季刊**，**143**，19-27。

二、英文部分

Alter, Sutia Kim. (2006). Social Enterprise Models and Their Mission and Money Relationships. in Alex Nicholls(ed.), *Social Entrepreneurship: New Models of sustainable Social Change* (pp.205-232). Oxford: Oxford university press.

Anderson, Beth Battle, J. Gregory Dees (2006). Rhetoric, Reality, and Research: Building a Solid Foundation for the Practice of Social Entrepreneurship. in Alex Nicholls, (ed.), *Social Entrepreneurship: New Models of sustainable Social Change* (pp.144-168). Oxford: Oxford university press.

Austin, James E. (2006). Three Avenues for Social Entrepreneurship Research. in Johanna Mair, Jeffrey Robinson and Kai Hockerts (eds.), *Social Entrepreneurship* (pp.22-33). New York: Palgrave Macmillan.

Borzaga, C. and Defourny, J. (eds.) (2001). *The Emergence of Social Enterprise*. London: Routledge.

Borzaga, Carli and L. Solari (2001). Management challenges for social enterprise. in Carli Borzaga and Jacques Defourny (eds.), *The Emergence of Social Enterprise* (pp.333-349). London: Routledge.

Brinckerhoss, P.C. (2000). *Social Entrepreneurship: The Art of Mission-Based Venture Development*. USA: John Wiley & Sons.

Cho, Albert. (2006). Politics, values, and social entrepreneurship: a critical appraisal. in Mair, J. Robinson, J. and Hockerts, K. (eds.), *Social Entrepreneurship* (pp. 34-56). Basingstoke: Palgrave Macmillan.

Cooney, Kate (2012). Examining The Institutionalization of New Legal Forms. in B. Gidron, and Y. Hasenfeld (eds.), *Social Enterprise: An Organizational Perspective* (pp.198-221). New York: Palgrave Macmillan.

Dees, J. Gregory, Peter Economy (2001). Social Entrepreneurship. in Dees, J. Gregory, Jed Emerson and Peter Economy (eds.), *Enterprising Nonprofits: A Toolkit for Social Entrepreneurs* (pp.1-18). New York: John Wiley & Sons.

Dees, J. Gregory, Jed Emerson and Peter Economy (2001). *Enterprising Nonprofits: A Toolkit for Social Entrepreneurs*. New York: John Wiley & Sons.

Defourny, Jackues and Marthe Nyssens (2012). Conceptions of Social Enterprise in Europe: A Comparative Perspective with the United States. In B. Gidron, and Y. Hasenfeld (eds.), *Social Enterprise: An Organizational Perspective* (pp.71-90). New York: Palgrave Macmillan.

Galera, Giulia and Carlo Borzaga (2009). Social enterprise: An international overview of its conceptual evolution and legal implementation. *Social Enterprise Journal*, 5(3), 210-228.

Garrow, Eve and Yeheskei Hasenfeld (2012). Managing Conflicting Institutional logics: Social Services versus Market. In Benjamin Gidron, Yeheskel Hasenfeld(eds), *Social enterprises: An Organizational Perspective* (pp.121-143). New York: palgrave macmilan.

Mair, Johanna (2006). Exploring the Intentions and Opportunities behind Social Entrepreneurship. in Johanna Mair, Jeffrey Robinson and Kai Hockerts (eds.), *Social Entrepreneurship* (pp.89-94). New York: Palgrave Macmillan.

Midgley, James & Michael Sherraden (2009).The Social Development Perspective in Social Policy, in James Midgley & M. Livermore (eds.), *The Handbook of Social Policy* (pp.263-278). Thousand Oaks, CA: Sage Publications.

Nicholls, Alex and Albert Hyunbae Cho (2006). Social Entrepreneurship: The Structuration of a Field. in Alex Nicholls (ed.), *Social Entrepreneurship: New Models of sustainable Social Change* (pp.99-118). Oxford: Oxford university press.

Nicholls, Alex (2009). Capturing the Performance of the Socially Entrepreneurial Organization: An Organizational Legitimacy Approach. In Jeffrey A. Robinson, Johanna Mair and Kai Hockerts (eds.), *International Perspectives on Social Entrepreneurship* (pp.27-74). New York: palgrave macmillan.

Perrini, Francesco and Clodia Vurro (2006). Social entrepreneurship: Innovation and Social Change Across Theory and Practice. in Johanna Mair, Jeffrey Robinson and Kai Hockerts (eds.), *Social Entrepreneurship* (pp.57-85). New York: Palgrave Macmillan.

Thomson, John L. (2002). The world of the social entrepreneur. *The International Journal of Public Sector Management*, 15(5), 412-31.

Weisbrod, Burton A. (1988). *Nonpprofit Economy*. President and Fellows of Harvard College.

Social Work Practice with Family Economic Security

Editor-in-Chief: Kate Yeong-Tsyr Wang

Family economic security has been a critical issue for social workers and social workers in various areas need to deal with the problems of economic hardship of families they serve. This book focuses on the following topics: public transfers in cash/in-kind, employment, economic violence, asset building, banking for the poor, elder financial protection, family debts, and social enterprises. Ethnic issues on indigenous people and new immigrants are also included. Readers can gain a comprehensive understanding on financial capability, economic security, as well as socio-economic justice, and put it into practice.

Contents